W0206047

Super lernen

www.humboldt.de

Weitere aktuelle Ratgeber-Taschenbücher im Humboldt Verlag (Auswahl):

ISBN	Titel
Lebenshilfe und Psychologie	
3-89994-884-X	Verflixt. das darf ich nicht vergessen (Stiftung Warentest: Bestes Buch!)
3-89994-889-0	Verflixt, das darf ich nicht vergessen! Band 2, Buch + CD
3-89994-858-0	Gutes Gedächtnis – Das Erfolgsgeheimnis
3-89994-946-3	Handschriften deuten
3-89994-856-4	Rhetorik – Der Weg zum Erfolg
3-89994-928-5	Mind Mapping
Information & Wissen	
3-89994-910-2	Der große Humboldt Ratgeber Internet-Recht
3-89994-018-0	Teste deine Allgemeinbildung: Ach so?! Faszinierende Fakten
3-89994-979-X	Teste deine Allgemeinbildung: Neue Rechtschreibung
3-89994-964-4	Schluss mit typischen Deutschfehlern
3-89994-019-9	Zeichensetzung – kurz und bündig
3-89994-882-3	Das große Testbuch der Allgemeinbildung
3-89994-033-4	Das große Testbuch der Allgemeinbildung II
3-89994-007-5	Linkshändig? Rat & Information, Tipps & Adressen
3-89994-009-1	Lexikon der Lebensmittel-Etiketten
3-89994-826-2	Teste Deine Intelligenz
Beruf	
3-89994-006-7	Der Erfolgsturm – Schritt für Schritt erfolgreich
3-89994-912-9	Stellensuche und Bewerbung im Internet
3-89994-005-9	Präsentieren und überzeugen
Freizeit & Hobby	
3-89994-010-5	Digitalfotografie – Das große Einsteigerbuch
3-89994-012-1	Digitalfotografie für Fortgeschrittene (mit DVD)
3-89994-017-2	Der große Humboldt Fotolehrgang (www.fotolehrgang.de)
3-89994-014-8	Digitalfotografie von A–Z
3-89994-054-7	Kickern & Tischfußball
3-89994-022-9	Skat – für Aufsteiger (mit vielen Musterspielen)
3-89994-030-x	Das große Humboldt Domino-Buch
3-89994-035-0	Das große Humboldt Bridge-Buch
3-89994-829-7	Skat – Regeln und Tipps
3-89994-042-3	Das Humboldt Kegelbuch
Gesundheit & Medizin	
3-89994-004-0	Mit Messer und Gabel gegen Krebs (in Zusammenarbeit mit der Deutschen Krebshilfe)
3-7081-9875-1	Schwangerschaft bewusst erleben (Stiftung Warentest: Sehr gut!)
3-89994-011-3	Der Tinnitus Helfer Buch + CD-ROM
3-89994-944-7	Homöopathieratgeber Schwangerschaft und Stillzeit

Der Humboldt Verlag im Internet: *www.humboldt.de*

Super lernen
Tipps und Tricks von A – Z

von Ursula Oppolzer

Verlegt bei Humboldt

humboldt

Der RatgeberVerlag

Humboldt-Paperback (ht) 715

Die Autorin:
Ursula Oppolzer studierte Biologie und Geographie für das Lehramt sowie Mathematik und Psychologie. Mehr als 20 Jahre war sie als Dozentin in der Erwachsenenbildung tätig. Seit 1999 arbeitet die erfolgreiche Sachbuchautorin (Schwerpunkt: Gedächtnis, Konzentration, Lernen) wieder als Realschullehrerin.

Für Vera

Bei Humboldt erschienen bislang die folgenden Titel von Ursula Oppolzer:
Verflixt, das darf ich nicht vergessen! ISBN 3-89994-884-X
(Stiftung Warentest: Sehr gut!)
Verflixt, das darf ich nicht vergessen! Band 2 Buch + CD, ISBN 3-89994-889-0
Verflixt, wer war`s? Gedächtnistraining für Kids, ISBN 3-89994-039-3
Das große Brain-Fitness-Buch, ISBN 3-89994-020-2

Weitere Bücher von Ursula Oppolzer:
Wortschatztraining. Horneburg (Persen)
Bewegte Schüler lernen leichter. Dortmund (verlag modernes lernen)
Meyers Gripskalender 2005. Mannheim (Brockhaus, Duden & Meyer)

Autorin und Verlag bedanken sich bei Stiftung Warentest für die sehr gute Bewertung von »Verflixt …« (Bd. 1)!

Hinweise für den Leser:
Die Angaben und Übungsanleitungen sind von Autorin und Verlag sorgfältig recherchiert bzw. überprüft worden. Dennoch kann eine Gewähr nicht übernommen werden. Vielmehr handelt es sich bei den Ratschlägen und Empfehlungen dieses Buches um unverbindliche Auskünfte gemäß § 676 BGB. Autor, Redaktion und Verlag übernehmen keinerlei Haftung für etwaige Personen- oder Sachschäden, die sich aus Gebrauch oder Missbrauch der in diesem Buch aufgeführten Anwendungsmöglichkeiten ergeben.

5., durchgesehene und überarbeitete Auflage 2006

Zeichnungen im Innenteil (soweit nicht anders vermerkt): Peter Kaste, Erlangen
Redaktion: Annegret Weber
Druck: Artpress Druckerei GmbH, A-6600 Höfen
Printed in Austria

ISBN 3-89994-867-X

www.humboldt.de

Inhalt

Einen Vorsprung im Leben hat,
wer da anpackt,

wo die anderen erst einmal reden.

Das bedeutet: Keine lange Einleitung!

Sie finden in diesem Buch die wichtigsten Erkenntnisse und Tips für ein erfolgreiches Lernen kurz und anschaulich dargestellt. So können Sie schnell zur Sache kommen und das Gelesene in die Tat umsetzen. Dieses Buch erhebt nicht den Anspruch auf Vollständigkeit, sondern möchte in Form eines alphabetisch geordneten kleinen »Lernlexikons« einen Überblick vermitteln und neben theoretischem Hintergrundwissen vor allem praktische Tips geben.

Verschiedene Symbole stehen für die unterschiedlichen Bereiche: Hintergrundwissen ist mit einem Viereck □ gekennzeichnet. Einen Kreis ○ finden Sie immer dann, wenn es um konkrete Lerntips geht. Hinweise auf empfehlenswerte Literatur zum Thema sind mit  gekennzeichnet.

Der Anhang enthält Vorschläge für Konzentrations- und Gedächtnisübungen sowie ein ausführliches Literaturverzeichnis.

Sie können Ihr Ziel nur erreichen, wenn Sie jetzt beginnen.

Viel Spaß!

○ Allgemeine Lernvoraussetzungen

Am Anfang war die Tat. (Goethe, Faust)

Schaffen Sie die besten Voraussetzungen

für ein erfolgreiches Lernen, für Kreativität und Leistung:

- Offenheit und Neugier
- Begeisterungsfähigkeit
- Phantasie
- effektive Lernmethoden
- Gedächtnistechniken
- lernbiologisches Wissen
- Entspannung
- ausreichend Schlaf
- viel Bewegung
- viel frische Luft
- richtige Ernährung
- kein negativer Streß
- positives Denken

Eine Reise von tausend Meilen beginnt mit einem einzigen Schritt.

- Verschieben Sie wichtige Dinge nicht ständig auf später!
- Beginnen Sie wichtige Dinge nicht, wenn Sie schlechter Laune sind.
- Gönnen Sie sich zwar Ihre schlechte Laune, aber nur für eine begrenzte Zeit (ca. 1 Stunde). *Sie* sind der Herrscher Ihrer Stimmungen, nur *Sie* können diese verändern.
- Versuchen Sie eine positive Einstellung zu Arbeiten zu gewinnen, die Ihnen nicht so liegen.
- Sagen Sie nicht einfach: »Das interessiert mich nicht!«
- Stellen Sie sich vor, wie Sie Ihr Ziel erreichen werden.
- Stellen Sie sich vor, welche positiven Veränderungen das Erreichen des Ziels mit sich bringen wird und wie Sie sich dabei fühlen werden.

Je länger eine Reise ist, um so besser muß die Vorbereitung sein.

Phantasie ist die Schwester eines guten Gedächtnisses!

Lassen Sie Ihrer Phantasie freien Lauf!

Verbinden Sie Ihre Gedanken mit Bildern!
Gedankenverbindungen = Assoziationen.

Assoziationen sind wichtig, damit eine Information sicher gespeichert wird und später jederzeit sofort abrufbar ist.

Regeln für erfolgreiches Assoziieren:
- Schließen Sie beim Assoziieren einige Sekunden die Augen. Das erhöht die Konzentration.
- Stellen Sie sich den gedachten Begriff bildhaft vor.
- Sehen Sie sich in der Situation in diesem Bild. (Rose: Sie bekommen Ihre erste Rose bei einem Rendezvous)

- Sehen Sie nicht nur, sondern lassen Sie möglichst viele Sinne miterleben. (Sie riechen den Duft der Rose ...)
- Begnügen Sie sich mit einem einzigen Bild.
- Das Bild, das Ihnen als erstes in den Sinn kommt, ist spontan und meist das beste.
- <u>Haben Sie Mut zu »merk-würdigen« Bildern!</u>
  Je verrückter, unrealistischer eine Gedankenverbindung ist, um so mehr sie aus dem Rahmen fällt, desto auffälliger ist sie und wird leichter gespeichert.
- Achten Sie darauf, daß der wichtige Begriff in Ihrem Bild übergroß erscheint, damit er sich abhebt von den Dingen drumherum.
- Je weniger Dinge ein Bild enthält, desto einprägsamer ist es.

○ Assoziationen

– Je mehr Sinne beim Assoziieren beteiligt sind, desto besser gelingt die Speicherung.

Unser Gedächtnis läßt uns nicht im Stich, wenn es um besondere Dinge geht. Meist sind es die alltäglichen oder unauffälligen Fakten, die wir »vergessen.«

Reichel, G.: Der sichere Weg zum phänomenalen Gedächtnis

○ Atmosphäre zum Lernen

Es gibt nichts Gutes, außer man tut es! (Erich Kästner)

Schaffen Sie sich eine angenehme Lernatmosphäre!

Schaffen Sie sich einen möglichst angenehmen Lernplatz, an dem Sie sich wohlfühlen.

Der Schreibtisch sollte nicht irgendwo »abgestellt« werden.
Ein Kuschelsessel oder eine gemütliche Ecke für ein entspanntes und entspannendes Lesen sollte dort sein, wo Sie alle Lernutensilien und Bücher, einen Kassettenrecorder und evtl. ein Diktiergerät griffbereit haben.
Eine Schale mit Obst, ein Glas Saft oder eine Tasse Kaffee für die kleinen »Umschaltpausen« sorgen dafür, daß Sie das Lernzimmer nicht verlassen müssen, und vermitteln Ihnen das Gefühl, daß Lernen angenehm ist, daß Ihr Körper verwöhnt wird, während Ihr Geist tätig ist.

Lassen Sie sich nicht stören!

Hängen Sie ein Schild an die Tür: **Bis … Uhr bitte nicht stören!**

Mit Musik geht alles besser…

Lernen Sie mit Musik!

Versuchen Sie einmal, mit leiser Musik im Hintergrund zu lernen. Lernpsychologen haben herausgefunden, daß eine leise, ruhige Instrumentalmusik im Hintergrund entspannt und somit das Lernen fördert. Besonders wirkungsvoll soll Barockmusik sein, z. B. Bach oder Corelli. Wichtig ist jedoch, daß Sie die Musik mögen und daß die Musik ruhig und klar ist.

Barockmusik:
Antonio Vivaldi: Largo aus »Winter« in »Die vier Jahreszeiten«
Largo aus Konzert in D-Dur für Gitarre, Streicher und Basso continuo

Georg Philipp Telemann: Largo aus »Phantasien für Cembalo«
Largo aus Konzert für Viola, Streicher und Basso-continuo in G-Dur

Georg Friedrich Händel: Largo aus Konzert Nr. 3 in D-Dur, Feuerwerksmusik

Johann Sebastian Bach: Aria zu den »Goldberg-Variationen«
Largo aus Konzert für Klavier und Streichorchester Nr. 5 f-Moll
Largo aus Konzert für Cembalo solo in F-Dur

Arcangelo Corelli: Alle langsamen Sätze aus Concerti grossi op. 6, Nr. 1–12

Elektronische Musik:
Georg Deuter: Ecstasy; Celebration; Cicada
Kitaro: Oasis: Silk-Road; KL.
J. M. Jarre: Equinoxe; Oxygene
J. Walter Musik Produktion: Mantras (1 und 2)

Jeder Mensch lernt anders, und wenn Sie zu den Menschen gehören, die Musik beim Lernen eher stört, dann akzeptieren Sie das, und probieren Sie eine andere Anregung aus.
Seien Sie offen für neue Gewohnheiten!

☐ Aufmerksamkeit

Wir sehen, was wir denken!

Aufmerksamkeit ist die Richtung des Bewußtseins auf einen bestimmten Gegenstand. Alles andere bleibt weitgehend unbeachtet! Nur was wichtig ist, wird wahrgenommen!

Aufmerksamkeit wird erreicht durch:

- Wecken der Neugier
- Überraschungen
- Abwechslungsreiche Heftführung
- Informationen, die Bedeutung bekommen
- persönliche Einbeziehung
- Wechsel der Lernaktivitäten
- Übertreibungen
- Abwechslungsreiche Medien
- Anknüpfung an bekannte Zusammenhänge
- Spaß am Lernen

Aufmerksamkeitstest
Machen Sie folgenden Test möglichst schnell. Sie haben max. 1 Minute Zeit!

1. Lesen Sie alles, bevor Sie weitermachen.
2. Schreiben Sie schnell Ihren Namen in die linke obere Ecke.
3. Kreisen Sie im vorigen Satz das Wort »schnell« ein.
4. Zeichnen Sie 4 Kreise in die rechte obere Ecke.
5. Schreiben Sie den Anfangsbuchstaben Ihres Vornamens in die Kreise.
6. Unterschreiben Sie dieses Blatt rechts unten nur mit Ihrem Nachnamen.
7. Unterstreichen Sie alle »Sie« im Text.
8. Schreiben Sie ein »X« in die linke untere Ecke dieses Blattes.
9. Kreises Sie dieses X ein.
10. Nun, da Sie alles gelesen haben, befolgen Sie bitte nur die Anweisung 2!

Aufmerksamkeit □

Erst einen Überblick verschaffen!

Wenn Sie sich zunächst einen Überblick verschaffen, indem Sie sich erst alles durchlesen, können Sie feststellen, daß Sie sich viel Arbeit ersparen. Die meisten Menschen lesen oder lernen »drauflos«, vor allem dann, wenn sie unter Zeitdruck oder Notendruck stehen.

Aufwärmphase ○

Wer das erste Knopfloch verfehlt, kommt mit dem Zuknöpfen nicht zurande. (Goethe)

Beachten Sie die Aufwärmphase!

Beginnen Sie mit etwas Leichtem!
So wie der Sportler mit Übungen zum Aufwärmen des Körpers beginnt, so sollten auch Sie mit leichtem Stoff oder einer Konzentrationsübung anfangen, damit das Gehirn langsam »warm werden« kann (ca. 3–5 Min.). Wenn Sie mit einer Konzentrationsübung oder einer leichten Denkaufgabe beginnen, hat das drei Vorteile:

1. Ihr Gehirn stellt sich automatisch darauf ein zu arbeiten. Sie müssen sich also nicht immer wieder neu überwinden.
2. Ihr Gehirn hat Zeit, langsam in Schwung zu kommen.
3. Sie beginnen mit einem Erfolgserlebnis. Das führt zu einer positiven Lerneinstellung, zu mehr Lust am Lernen.

Konzentrationsübungen für den Anfang:
1. Bilden Sie eine Wörterkette zu verschiedenen Themen (Affe – Esel – Lama – Antilope – …): 3 Min.

○ Aufwärmphase

2. Bilden Sie eine Wörterkette mit zusammengesetzten Wörtern (Hausmeister – Meisterkoch – …): 2 Min.
3. Nennen Sie einsilbige (zweisilbige…) Städte (engl. Vokabeln…): 3 Min.
4. Schreiben Sie z. B. das Wort GEDAECHTNIS und bilden Sie aus den Buchstaben neue Wörter (Dach – See – Tisch): 3 Min.
5. Schreiben Sie z. B. das Wort Konzentration senkrecht einmal von oben nach unten und rechts davon im Abstand von ca. 5 cm von unten nach oben. Sie haben so Anfangs- und Endbuchstaben für neue Wörter. 3 Min.

Diese Konzentrationsübungen dienen gleichzeitig der Wortschatzerweiterung und können Themen aus verschiedenen Fächern ansprechen (siehe Wortschatzerweiterung + Anhang).

Oppolzer, U.: Verflixt, das darf ich nicht vergessen!
Speichert, H.: Kopfspiele
Birkenbihl, V.: Stichwort ›Schule‹

Die eine Tat, die ungepriesen stirbt, würgt tausend andere, die sie zeugen könnte. (Shakespeare)

Loben und Belohnen mit Bedacht!

Auf 10 Lob höchstens 1 Tadel!

Text für Eltern:
»Loben ist schwerer als tadeln, deshalb tadeln so viele!«

Jonathan Swift schrieb 1745 in seinem Buch *Gullivers Reisen:* »Wer 73 Monate die Landesgesetze einhält, bekommt eine Belohnung.«
Bei uns ist es üblich, nicht erwünschtes Handeln oder Fehler zu bestrafen. Dabei weiß die Psychologie schon lange, daß Anerkennung ein Grundbedürfnis des Menschen ist und ungeahnte Energien freisetzen kann.
Wenn Sie das Kind für eine schlechte Note bestrafen, wird es vielleicht unter Druck mehr lernen, d. h. mehr Zeit zum Lernen aufwenden, aber aus Angst vor Strafe vielleicht doch versagen. Es wird vor allem jedoch unbewußt zwischen Lernen und Strafe, zwischen Schule und Unbehagen eine Verbindung herstellen und die Freude am Lernen verlieren. Die Neugier erlischt und weicht einem sturen Pauken für die nächste Schulaufgabe.
So wie eine Tür oft erst dann geölt wird, wenn sie quietscht, reagieren Eltern und Lehrer oft erst dann, wenn etwas nicht mehr klappt.

Anregungen:
- Schränken Sie Lob nicht durch Tadel ein!
  Wenn Sie loben, dann »übersehen« Sie in diesem Fall die Fehler.
  Sagen Sie: Das hast du prima gemacht!
  Sagen Sie nicht: Das hast du gut gemacht, nur die Kommasetzung muß du noch tüchtig üben.
- Loben Sie, wenn das Kind (der Schüler) selbst Fehler findet.
- <u>Belohnen Sie nicht das Ergebnis, sondern die Bemühung!</u>

○ Belohnen

- Belohnen Sie den Fortschritt!
- Belohnen Sie nicht mit Geld, sondern erfüllen Sie Wünsche, die nicht materiell sind.

Für Lernende:
Bevor Sie mit einer Lerneinheit beginnen, überlegen Sie sich, wie Sie sich nach getaner Arbeit belohnen wollen. Das erhöht die Lust und die Konzentration.
Machen Sie eine Belohnungsliste, auf der sie dann später schon erfolgte Belohnungen durchstreichen können und sehen, was Sie sich noch wünschen.

📖 Reiber, G.: Eltern helfen lernen
Speichert, H.: Hausaufgaben sinnvoll machen

□ Denkblockaden

Alles, was einem Menschen gelingt oder nicht gelingt, ist das unmittelbare Ergebnis seines Denkens. (J. Allen)

Zu **Denkblockaden** kommt es immer dann, wenn wir unter Druck stehen (Zeitdruck – Leistungsdruck – ...).
Angst und Druck, fremde und abstrakte Lernstoffe lösen in unserem Körper Streßalarm aus. (→ Streß)
Das bedeutet, daß wir in dem Moment körperliche Höchstleistungen bringen können, aber keine geistigen, da der »Alarm« im Gehirn andere Folgen hat.

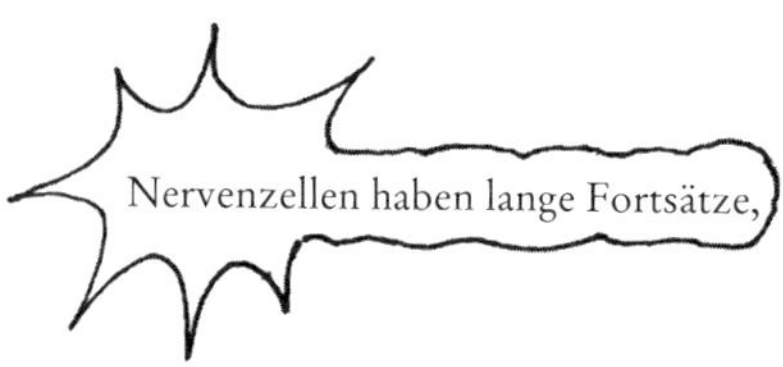

Nervenzellen haben lange Fortsätze, die »Straßen« für den Informationsfluß.

Zwischen dem Fortsatz einer Zelle und einer anderen Zelle ist ein winziger Spalt, der erst geschlossen werden muß, damit Informationen von einer Nervenzelle zur anderen weitergeleitet werden können.
Die Enden der Fortsätze sind kolbenförmig erweitert (= Synapsen) und enthalten bestimmte chemische Stoffe (Transmitter).
Im entspannten Zustand können Informationen reibungslos weitergeleitet werden, indem die Bläschen in den Synapsen platzen und der chemische Stoff den winzigen Spalt ausfüllt. Man sagt: Die Synapsen feuern!

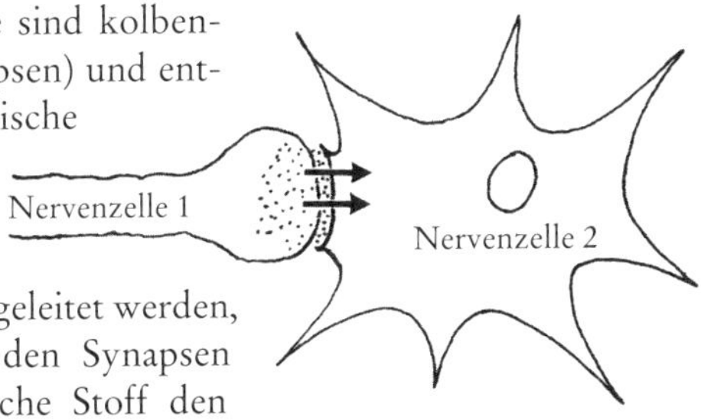

Bei Streß aber sorgt das Hormon Adrenalin, das von den Nebennieren ausgeschüttet wird, dafür, daß alle Schalter auf Rot stehen, d. h. daß Informationen nicht weitergeleitet und Gehirnzellen nicht aktiviert werden können, weil die chemischen Stoffe (Transmitter) keine Brücke bilden. Es kommt zu Blockaden, sprich Denkblockaden.
Angst bedeutet für den Lernenden Streß (Angst vor schlechten Noten, vor Tadel, vor zu wenig Zeit, vor Überforderung, vor zu hohen Erwartungen), und dieser Streß führt zu einer mangelhaften Aufnahmefähigkeit, zu Denkblockaden und damit oft in einen Teufelskreis von Mißerfolgen.

Vester, F.: Denken, Lernen, Vergessen

☐ Einstellung zum Lernen

Ich bin so guter Dinge, so heiter und rein, und wenn ich einen Fehler beginge, könnt's keiner sein. (Goethe)

Auf die Einstellung kommt es an!

Die Einstellung zum Lernen entscheidet über Ihren Lernerfolg. So wie eine positive Grundstimmung zu mehr Selbstbewußtsein, zu Neugier und Begeisterung führt und dadurch den Lernerfolg vorprogrammiert, so bewirkt eine negative Grundstimmung Angst vor dem Versagen, Denkblockaden, eine Verringerung des Selbstvertrauens, Abwehr und schließlich Mißerfolge.

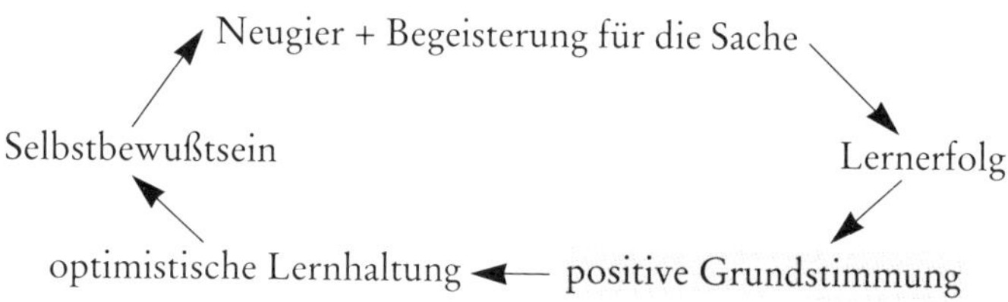

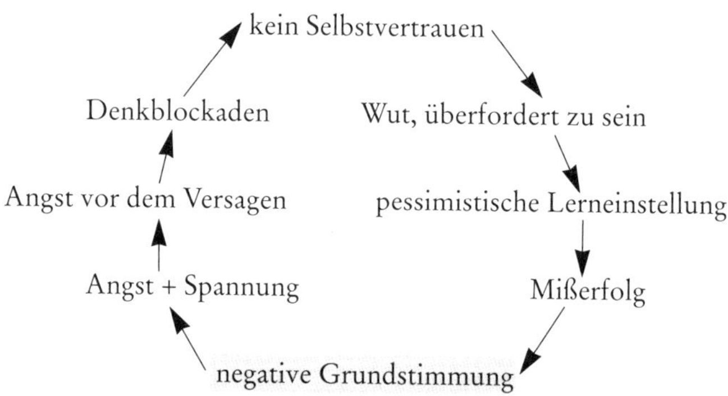

Hüholdt, J.: Wunderland des Lernens

Durch Liebe werden alle Dinge leichter, die der Verstand als gar zu schwer betrachtet. (Persische Weisheit)

Seien Sie positiv!

Das, was wir gern tun, fällt uns leicht!

Das, was wir mit Liebe tun, gelingt uns!

Ihre Einstellung zum Lernen entscheidet über Ihren Lernerfolg!

Positive Lerneinstellungen:
- Ich schaffe das!
- Lernen macht mir von Tag zu Tag mehr Freude!
- Mein Gedächtnis ist sehr gut!
- Wenn ich lerne, bin ich voll konzentriert!
- Ich gehe ruhig und gelassen an meine Arbeit!
- Ich stelle mir meinen Lernerfolg bildhaft vor!
- Ich arbeite konsequent nach Plan!
- Ich gebe mein Bestes, aber ich erwarte nicht zuviel von mir!
- Ich habe Geduld mit mir und mit anderen!
- Mein Alter hat auf den Lernerfolg keinen Einfluß!
- Ich freue mich über jeden kleinen Lernfortschritt. Er gibt mir neue Energie für den nächsten Schritt.

Der Glaube versetzt Berge (so oder so)!

Sublimale Lernbeeinflussung

Bei der Sublimaltechnik wird versucht, das Unterbewußtsein anzusteuern und den abwägenden Verstand zu umgehen. In einem kompli-

zierten Verfahren werden positive Suggestionen mit einer Entspannung auslösenden Musik unterlegt und für das Bewußtsein unhörbar gemacht.
Bei den meisten handelsüblichen Kassetten werden die Suggestionsformeln so beschleunigt, daß pro Kassette mehrere hundertmal die Formeln in regelmäßigen Abständen das Unterbewußtsein ansprechen. Die Sublimaltechnik ist jedoch umstritten.

Probieren Sie es aus!
Es gibt im Handel die verschiedensten Kassetten-Programme.

Tepperwein, K.: Kassettenprogramme:
Geistig konzentriert arbeiten
Schneller und besser lernen
Einführung in Superlearning
Leibold, G.: Positiv denken und leben

○ Entspannung

Nur wer lernt, sich zu lassen, wird gelassen!

Entspannung erleichtert das Lernen!

Entspannungsmethoden
- Autogenes Training
- Alpha-Training
- Bio-Feedback
- Meditation
- Progressive Muskelentspannung
- Einfache Suggestivspannung
  (siehe Literatur)

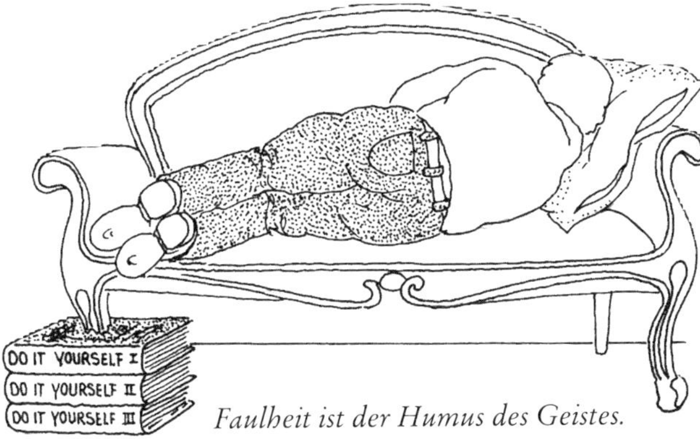

Faulheit ist der Humus des Geistes.

Entspannungsübungen für zwischendurch:
Setzen Sie sich in einen bequemen Stuhl und legen Sie Ihre Hände fest um die Lehne. Drücken Sie die Lehne so fest, als wollten Sie eine Zitrone ausdrücken. (Ballen Sie Ihre Hand zur Faust!)
Zählen Sie langsam bis 5. Lassen Sie los und konzentrieren Sie sich auf das Gefühl der Entspannung, der wohligen Erschlaffung, das nun, nach der intensiven Anspannung, ganz deutlich spürbar ist.
Trainieren Sie das Muskelanspannen und Muskelentspannen auch mit den Unterarmen, Oberarmen, Schultern, Bauchmuskeln, Gesäßmuskeln, Beinen, Füßen usw.

Machen Sie sich das entspannte Gefühl ganz bewußt.
Achten Sie auf Ihren Atem:

Atemübung: ohm – maa – ha
Denken Sie bitte beim Einatmen die Silbe »ohm«, beim Ausatmen die Silbe »maa« und dann, wenn schon kaum mehr Luft in der Lunge ist, atmen Sie mit der Silbe »ha« den letzten Rest aus (5–10mal).

Tepperwein, K.: Kassettenprogramme
Teml, H.: Entspannt lernen
Reichel, G.: Der sichere Weg zum phänomenalen Gedächtnis.

○ Entspannung

Aller Verstand muß sich zuletzt im Unwesentlich-Wirklichen verlieren. Die träumende Phantasie allein findet den Aufstieg zum Wesentlich-Wahren. (Rathenau)

Entspannen Sie sich mit Phantasie

Stellen Sie sich z. B. Ihren letzten Urlaub vor, einen sehr angenehmen und erholsamen Tag.
Versuchen Sie, sich zu erinnern: an die Landschaft, an die Farben, an das Meeresrauschen, an Düfte...

Bio-Feedback
Unter Bio-Feedback versteht man die Messung biologischer Körperfunktionen und deren Umwandlung in optische und akustische Signale mit Hilfe von Meßgeräten.

Beispiel: Ein Lernender bekommt durch unterschiedliche Pfeiftöne eine Rückmeldung über den Grad seiner Muskelentspannung.

Wer sich nicht mit den klassischen Entspannungstechniken vertraut machen möchte, hat mit der Bio-Feedback-Methode eine weitere Möglichkeit, Entspannung zu trainieren.

Bio-Feedback kann eingesetzt werden:
- bei der Tiefenentspannung
- bei Streß
- bei der Konfliktbewältigung
- beim Lernen

Beyer, G.: Mehr lernen und leisten ohne Streß
Erfolgreich lernen – Superlearning
Müller, E.: Du spürst unter deinen Füßen das Gras
Teml, H.: Entspannt lernen

Ernährung ☐

Wir leben nicht, um zu essen, sondern wir essen, um zu leben. (Sokrates)

Essen Sie richtig und zur rechten Zeit!

Wer geistig stets leistungsfähig sein möchte, sollte auch über seine Eßgewohnheiten nachdenken.
Der Grund für die Müdigkeit nach dem Essen liegt darin, daß die Verdauungsorgane stärker durchblutet werden und das Gehirn in der Versorgung zu kurz kommt.
Es ist nicht nur gesünder, sondern auch lernbeeinflussend, 5 kleine Mahlzeiten zu sich zu nehmen als 3 große.
Der Magen wird nicht überlastet und die Durchblutung des Gehirns nicht herabgesetzt.
Nicht nur die Quantität der Mahlzeit, sondern auch die Qualität ist entscheidend, wenn Sie geistig fit sein wollen.

Richtige Ernährung ist

- arm an Zucker und Weißmehl
- arm an tierischen Fetten
- arm an Salz
- arm an Nahrungsmittelzusatzstoffen

- reich an Obst, Gemüse und Salaten
- reich an Vollkornprodukten

Bevorzugen Sie:
- pflanzliche Öle mit mehrfach ungesättigten Fettsäuren
- mageres Fleisch
- mageren Fisch (Fisch ist »Hirnnahrung«)
- nukleinsäurereiche Nahrungsmittel (Linsen, Erbsen, Bohnen ...)

Mineralstoffe (v. a. Magnesium) und Spurenelemente sind wichtig!

☐ Ernährung

Achten Sie auf Ihren Cholesterinspiegel!
Ein hoher Cholesterinspiegel führt u. a. zu einer schlechteren Durchblutung des Gehirns und damit zu Müdigkeit, Konzentrationsproblemen und Erinnerungsschwierigkeiten.

Trinken Sie sehr viel!

○ Eselsbrücken

Brücken baut, wer Hindernisse überwinden will! (Aus China)

Bauen Sie Eselsbrücken!

Machen Sie sich ein Bild, um Gelerntes haltbar zu verbinden und jederzeit abrufen zu können. Die Vorstellung eines Begriffes erhöht die Gedächtnisleistung.

Benutzen Sie:

- **Merkverse:** Trenne nie das s und t, denn das tut den beiden weh.
  Wer nämlich mit h schreibt ist dämlich!

- **Reime:** Wo Werra sich und Fulda küssen,
  sie ihren Namen büßen müssen,
  und hier entsteht durch diesen Kuß
  der Weserfluß.

- **Verwandeln Sie abstrakte Formeln in Bilder:**
  Formel: P = F/A Druck = Kraft / Fläche

Stellen Sie sich vor, wie ein kleines, zierliches Mädchen mit Stöckelschuhen und ein Zwei-Zentner-Mann mit Stiefeln über nassen Lehmboden gehen. Das Gewicht des Mädchens konzentriert sich im wesentlichen auf 1 cm^2. Sie sinkt ein! Das Gewicht des Mannes hingegen verteilt sich auf die ganze Sohle. Es entsteht nur ein Abdruck.
– große Fläche – kleiner Druck
– kleine Fläche – großer Druck

- **Hilfssätze,** wenn es um das Merken einer bestimmten Reihenfolge geht. Je lustiger oder »verrückter« diese Sätze sind, desto besser werden Sie sich erinnern!

Reihenfolge der Planeten von der Sonne aus:
Mein Vater erklärt mir jeden Sonntag unsere neun Planeten.
Merkur, Venus, Erde, Mars, Jupiter, Saturn, Uranus, Neptun, Pluto

Beyer, G.: So lernen Schüler leichter
Endres, W.: Lernen mit Kniff und Pfiff
Keller, G.: Lernen will gelernt sein!
Sawizki, E. R.: Lernvergnügen
Hüholdt, J.: Wunderland des Lernens

○ Fehler

Es ist ein großer Vorteil im Leben, die Fehler, aus denen man lernen kann, frühzeitig zu machen! (Winston Churchill)

Machen Sie es wie die Auster!

Die Auster umgibt ein eingedrungenes Sandkorn mit Perlmutt. Sie macht daraus eine Perle.

Fehler sind Orientierungshilfen!
Legen Sie eine Fehlersammlung an! (→ Rechtschreibhilfen)

Stellen Sie fest, welche Arten von Fehlern immer wieder auftreten (z. B. Grammatikfehler, Rechtschreibfehler, Zeichensetzung usw.) und legen Sie Listen oder Karteikarten an!
Hierbei ist es angebracht, für die verschiedenen Fehlerarten auch unterschiedliche Farben zu verwenden, um so schnell einen Überblick zu erhalten, wo Ihre Schwächen liegen.

Heften Sie Zettel mit den Problemwörtern in korrekter Rechtschreibung an die Pinnwand oder machen Sie ein Lernposter!

Bei Flüchtigkeitsfehlern: Konzentrationstraining.

Schwächen, die man erkannt hat, sind leicht in Stärken zu verwandeln.

Keller, G.: Lernen will gelernt sein!
Endres, W.: So macht Lernen Spaß

Fragetechnik ☐

Wer fragt, ist vielleicht ein Narr für fünf Minuten. Wer nicht fragt, bleibt ein Narr für immer. (Aus China)

Wer fragt, gewinnt!

Dumm ist nur die Frage, die nicht gestellt wird!
Fragen Sie also, so oft die Möglichkeit besteht.
Sie motivieren den Dozenten, da er spürt, daß Sie ihm zuhören.
Sie zeigen, daß Sie mitten im Stoff sind.
Sie schaffen eine gewisse Vertrauensbasis.
Sie gewinnen Zeit, den nächsten Gedanken zu formulieren.
Sie bleiben konzentriert bei der Sache.

Es gibt unterschiedliche Frageformen:
Rückfragen: »Meinen Sie damit ...?«
Schlußfolgerung: »Wenn das so ist, folgt dann daraus ...?«
Umformulierung: »Könnte ich das, was Sie sagten, auch so formulieren ...?«
Zusatzfrage: »Und was folgt aus dieser Tatsache, die Sie gerade erläutert haben?«

Fragen erleichtern das Lernen und führen zum Erfolg:

1. Warum?	Warum ist das Lernen wichtig?
	Warum komme ich nicht weiter?
2. Was?	Was weiß ich bereits?
	Was wäre, wenn ich in Zukunft anders lernen würde?
	Was muß ich tun, damit ich mir schneller etwas merke?
	Was ist der nächste Schritt?
3. Wie?	Wie erreiche ich mein Ziel?
	Wie stelle ich mir den Weg zu meinem Ziel vor?
4. Welche?	Welche Hilfsmittel und Möglichkeiten gibt es?
5. Wo?	Wo gibt es Hilfen und Anregungen?
	Wo will ich hin?
6. Wann?	Wann will ich mein Ziel erreichen?

Endres, W.: Das Anti-Pauk-Buch

☐ Ganzheitliche Wahrnehmung

Man sieht nur mit dem Herzen gut!
Das Wesentliche ist für die Augen unsichtbar. (Saint-Exupéry)

Unsere Wahrnehmung ist ganzheitlich! Das bedeutet, daß wir nicht nur das aufnehmen, was wir wollen, was uns bewußt ist und wichtig erscheint, sondern auch alle Nebensächlichkeiten drumherum.

Stellen Sie sich vor, Sie sitzen im Wohnzimmer und lesen ein interessantes Buch. Plötzlich klingelt das Telefon im Flur. Sie stehen auf, und während Sie den Hörer abnehmen, sind Ihre Gedanken noch bei dem spannenden Krimi. Sie sollen Ihrem Partner eine wichtige Bestellung ausrichten. Es werden Zahlen und Namen genannt. Der Kugelschreiber funktioniert nicht, aber Sie sind sicher, sich alles merken zu können.
Als Sie jedoch aufgelegt haben und in der Küche Block und Bleistift finden, ist alles wie weggeblasen. Sie gehen ärgerlich zum Telefon, um Ihren Partner anzurufen, und als Sie den Hörer aufnehmen, kommt die Erinnerung zurück. Ihr Gehirn hatte die wichtigen Informationen zusammen mit der Wahrnehmung des Spiegels, der Blumenvase, dem Duft der Rosen, dem Mantel usw. gespeichert. Nun, da Sie den Duft riechen und die Gegenstände sehen, erinnern Sie sich auch an die für Sie wichtigen Informationen.

Folgerungen für das Lernen:

- Fakten, die zu Verwechslungen führen können, nicht nebeneinander schreiben oder zur gleichen Zeit lernen (z. B. Wörter mit »ss« und »ß«).

- Wiederholungen und Abfragungen in einem anderen Raum.
- Verschiedene Sprachen in unterschiedlichen Räumen lernen.
- Für Vokabeln Karteikarten verwenden.
- Zusammenhängende Fakten auf eine Seite schreiben.

Vester, F.: Denken, Lernen, Vergessen

Gedächtnis ☐

Wer ein schlechtes Gedächtnis hat, wird nicht darum herumkommen, seine Fehler zu wiederholen! (Indisches Sprichwort)

Haben Sie ein gutes Gedächtnis?

Die meisten Menschen beantworten diese Frage nur sehr zögernd oder mit einem deutlichen »Nein«.
Dabei sind die Gedächtnisschwächen sehr verschieden. Der eine klagt über ein mangelhaftes Zahlengedächtnis, während der andere mit Namen Schwierigkeiten hat. Ein provozierender Satz lautet:

Es gibt kein schlechtes Gedächtnis – es gibt nur Interesse und Desinteresse.

Tatsachen, die mit starken Gefühlen verbunden sind, ob positiv oder negativ, werden meistens sofort fest gespeichert, während uns die unauffälligen, alltäglichen Dinge, die wir uns merken müssen, oft Probleme bereiten.
Jede Information, die wir aufnehmen, muß drei Stufen »erklimmen«, um im Langzeitgedächtnis für immer gespeichert zu werden.
Ständigt stürmt eine Flut von Reizen auf uns ein, und jeder Mensch trifft seine individuelle Auswahl.

Jeder Mensch sieht die Welt anders!
Jeder sieht, was er denkt!

□ Gedächtnis

Es hängt von Ihrem Interesse und Ihrer damit verbundenen Aufmerksamkeit ab, ob Sie bei einem Einkaufsbummel auf bestimmte Autotypen achten, auf die neuen Modefarben in den Schaufenstern oder auf die Gesichter, die Ihnen entgegenkommen.
Wenn Sie alle Informationen gleichzeitig aufnehmen und speichern würden, gäbe es im Gehirn sicher einen Zusammenbruch.
Alle aufgenommenen Informationen kreisen zunächst ca. 30 Sek. als elektrische Schwingungen im Ultrakurzzeitgedächtnis. Stellen wir in dieser Zeit eine Gedankenverbindung her, finden wir also einen »Aufhänger«, so wird die Information an das Kurzzeitgedächtnis weitergeleitet und in einen chemischen Stoff umgewandelt, der dann im Langzeitgedächtnis in Form eines Codes (über das gesamte Großhirn ausgebreitet) für immer gespeichert wird (siehe Vester, F.: Denken, Lernen, Vergessen).

Vielleicht sind die Informationen nicht richtig eingeordnet worden, nicht da »abgelagert«, wo wir sie später suchen.

Unordnung erschwert das Finden.

Eine andere Erklärung dafür, daß wir etwas gut Gelerntes nicht abrufen können, liegt darin, daß die Informationen zu »weit« weg sind.

Wie oft haben Sie schon gesagt: »Es liegt mir auf der Zunge!«

Sie wußten, daß Sie es gelernt hatten, aber Sie konnten es nicht sagen. Manchmal dauert es nur Sekunden oder Minuten und manchmal Tage, bis der Groschen fällt; oft in Situationen, in denen wir überhaupt nicht daran denken. Wenn es Tage dauert, war die Information gut »versteckt«, und Ihr Gehirn hat die ganze Zeit gesucht, während Sie anderen Beschäftigungen nach-

gegangen sind. Das Nicht-dran-Denken führt eher zum Erfolg als das krampfhafte Suchen, denn auch dabei kann es zu Denkblockaden kommen. Das Gehirn arbeitet wie eine Hausfrau. Dinge, die oft benutzt werden, liegen griffbereit, während der Skipullover, der nur zum Wintersport gebraucht wird, vielleicht in einem Koffer auf dem Dachboden aufbewahrt wird.
Wenden Sie gelerntes Wissen regelmäßig an, ist es auch immer da, wenn Sie es brauchen. Es sei denn, Sie stehen derart unter Streß, daß es ebenso wie bei dem krampfhaften Suchen zu Denkblockaden kommt, die ja ein Abrufen der Informationen unmöglich machen.
Wenn Sie sich vorstellen, daß unser Gehirn mindestens 5000mal so viele Zellen hat wie die Stadt Hamburg Zimmer, es jedoch kein Straßenverzeichnis und Adressenverzeichnis für das Gehirn gibt, dann wird klar, wie schwierig es sein kann, eine Information »wiederzufinden«, und wie wichtig es ist, richtig zu organisieren und einzuordnen. Sogenannte **Schlüsselbegriffe,** unter denen wir etwas abspeichern, helfen uns später, Informationen gezielt abzurufen.
Und noch etwas wird deutlich: Wiederholungen sind unbedingt erforderlich, um schneller und sicherer den richtigen »Weg« zu finden.
Gedächtnistraining sorgt dafür, daß keine »Straßen« = Nervenbahnen blockiert sind und neuer Stoff ordnungsgemäß gespeichert wird. Wenn Sie Schwierigkeiten beim Erinnern haben, stellen Sie sich Detailfragen, damit Ihre rechte Hirnhälfte wichtige Informationen aus dem Unbewußten holen kann.

📖 Vester, F.: Denken, Lernen, Vergessen

Gedächtnisstufen

Die Erinnerung ist das einzige Paradies, aus dem wir nicht mehr vertrieben werden können! (Jean Paul)

Stufen des Gedächtnisses

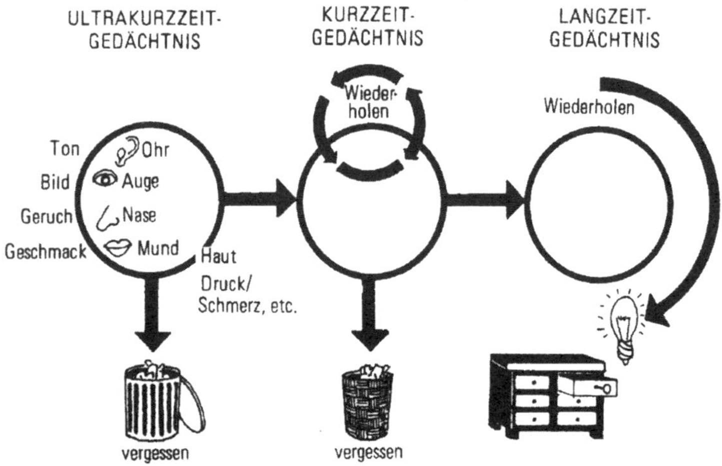

(Abb. aus: Vester, F.: Denken, Lernen, Vergessen)

Gedächtnistechniken ☐

Gewußt wie…

Machen Sie es wie der schlaue Igel und nicht wie der Hase!

Lernen Sie mit Köpfchen und setzen Sie so oft wie möglich Gedächtnistechniken ein, die Ihnen auf die Sprünge helfen:

Assoziationstechnik

Geschichtentechnik

Reimtechnik

Merkwortsystem

Symmetrietechnik

Kettenmethode

Lokalisationsmethode

ABC-Technik

»Taschen-Trick«

Erkosystem

usw.

Minninger, J.: Gutes Gedächtnis – das Erfolgsgeheimnis
Beyer, G.: Gedächtnistraining
Reichel, G.: Der sichere Weg zum phänomenalen Gedächtnis
Hüholdt, J.: Wunderland des Lernens

☐ Gedächtnistechniken

Wer wagt, gewinnt!

Assoziationstechnik
Hierbei geht es um das Herstellen von Gedankenverbindungen. Der neue Begriff und der spontan dazu auftretende Gedanke werden in einem Bild miteinander verbunden. (→ Assoziationen)

Kettenmethode
Bei dieser Methode werden die zu lernenden Begriffe wie die Glieder einer Kette so aneinander gehängt, daß die richtige Reihenfolge erhalten bleibt.

Beispiel: – »Reiseroute«

Bahnhof – Hotel – Park – Kirche – Café – See

Sie steigen am Bahnhof aus und gehen zum Hotel, das in einem wunderschönen, großen Park liegt. Wenn Sie mitten im Park stehen, können Sie die Kirche sehen, und direkt neben der Kirche ist ein Café, dessen Terrasse auf den See hinausgeht.

Wichtig ist, sich nicht nur die einzelnen Begriffe vorzustellen, sondern praktisch einen »Film« zu drehen; mit der Kamera ganz langsam von einem Begriff zum nächsten zu schwenken, so daß die Begriffe wirklich miteinander »verknüpft« werden.

Geschichtentechnik

Die Geschichtentechnik beruht auf der Kettenmethode. Die zu lernenden Begriffe werden in eine möglichst lustige und ausgefallene Geschichte gepackt, die dann auch »verfilmt« wird.

Beispiel: Ahnenreihe des Menschen
Ramapithecus – Australopithecus – Homo habilis – Homo erectus – Homo sapiens

Ein Schüler sitzt auf dem Boden und ißt ein Brot mit Rama, während er davon träumt, auf einem Känguruh durch Australien zu reiten. Da er noch Hunger hat, steht er auf, um noch einmal diese homogene Masse auf sein Brot zu streichen. Er kann nicht genug davon haben. Er will haben, haben, haben.
Da kommt sein Freund Erec ins Zimmer, den er den Aufrechten nennt, weil er immer ganz gerade und aufgerichtet geht, um ein bißchen größer zu erscheinen. Beide stopfen nun soviel hinein, daß der kleine Bruder, der einen Homburg auf dem Kopf hat, ruft: Sapperlot, Homo sapiens!

Lokalisationsmethode

Ein Lokaltermin ist ein Ortstermin, und so geht es hier darum, die wichtigen Begriffe an bestimmten Orten »aufzuhängen«. Es bietet sich an, sich das eigene Wohnzimmer vorzustellen und die Begriffe in Gedanken an die Wände zu malen, in die Ecken zu stellen, auf den Fußboden zu legen, an die Decke oder an bestimmte Gegenstände zu hängen.

Eine andere Möglichkeit, sich in Gedanken einen Weg zu vergegenwärtigen, den Sie oft gehen, der Ihnen gut bekannt ist, und die Dinge, die Sie sich merken wollen mit diesem Weg zu verbinden.

Reimtechnik

Reime wie *333: bei Issos Keilerei* und Lieder sind für unser Gehirn leicht verdaulich. Deshalb sollten Sie so oft wie möglich versuchen, wichtige Fakten zu reimen oder Sachverhalte mit einer bekannten Melodie zu unterlegen, um sie schneller und besser behalten zu können.

ABC-Technik
Hierbei wird zunächst zu den einzelnen Buchstaben des Alphabetes in Gedanken ein Bild gemalt.

z. B.: A = Affe B = Ball C = Cola ...

Wenn Sie diese Bilder jederzeit abrufen können, so haben Sie die Grundlage geschaffen für weiteres optimales Behalten.
Wichtige Begriffe verbinden Sie nun mit den ABC-Bildern und eine richtige Reihenfolge ist gewährleistet (→ Rechtschreibhilfen).

Merkwortsystem
Eine sehr ähnliche Methode ist das Lernen mit Merkwörtern. In diesem Fall merken Sie sich zunächst spontan auftretende Begriffe zu Zahlen. Wichtig dabei ist, daß das Bild der Vorstellung die Zahl symbolisiert und daß beim Nennen der Zahl Ihnen das Bild sofort einfällt.

z. B. 1 = Baum  (1 Stamm)

2 = Brille  (2 Gläser)

3 = Dreirad  (3 Räder)

4 = Fenster 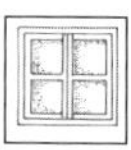 (4 Ecken)

5 = Hand  (5 Finger)

6 = Würfel  (6 Flächen)

7 = 7 Zwerge 

8 = Achterbahn 

9 = Kegel 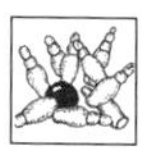 (alle Neune!)

10 = Zehen 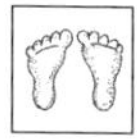 (10 Zehen)

Anschließend verbinden Sie diese Zahlenmerkwörter mit den neu zu lernenden Fakten (→ Assoziationen).

Sie können sich mehrere Reihen (vielleicht in unterschiedlichen Farben) solcher Zahlmerkwörter aufstellen. Wichtig ist, daß der Bezug zur Zahl so deutlich ist, daß Sie später nicht nachdenken müssen, sondern das jeweilige Bild spontan vor Augen haben.

»Taschen-Trick«
Wenn Sie bei einer Diskussion, in einer Konferenz oder bei einer Rede keinen Stichwortzettel benutzen möchten, probieren Sie es mit dem »Taschen-Trick«.
Legen Sie sich zu Hause ein paar kleine Gegenstände zurecht.

z.B.: Pfennigstück, Radiergummi, Büroklammer, Murmel, Streichholz, Anspitzer, Watte-bällchen...

Nun nehmen Sie das Pfennigstück in Ihre Hand, fühlen es und stellen sich das Stichwort in Verbindung mit dem Pfennig vor.
Dann nehmen Sie den Radiergummi und denken an Ihr zweites Stichwort... usw.
Wenn Sie alle Begriffe mit den Gegenständen verbunden haben, stecken Sie die kleinen Gegenstände in die Hosentasche oder Rocktasche.
Bei der Konferenz, in der Diskussion oder beim Referat greifen Sie in Ihre Tasche und fühlen die einzelnen Teile.
Automatisch kommt die Erinnerung an den gesuchten Begriff und Sie können ohne Unterbrechung weitersprechen.

Symmetrietechnik
Bei dieser Technik geht es darum, schwierige Wörter mit bekannten leichten Wörtern, die in gewissem Sinne gleich geschrieben werden, zu verbinden.

☐ Gedächtnistechniken

Beispiel: I laid the maid onto the green floor
then I lay myself onto the hay
and I denied that this all is lied

(→ Rechtschreibhilfen)

Erkosystem = Zahlenmethode

Wer Schwierigkeiten beim Zahlenmerken hat, und wer seine rechte Gehirnhälfte so richtig in Schwung bringen möchte, erarbeitet sich die Zahlenmethode = Erkosystem.
Diese Methode erinnert zunächst an Geheimschriften mit einem speziellen Code.
Zahlen bekommen willkürlich die Bedeutung von Mitlauten.

z. B.:	1 = T, D	6 = X, CH, SCH
	2 = N	7 = G, K
	3 = M	8 = F, V, PF
	4 = R	9 = P, B
	5 = L	0 = S, Z

Wie Sie sicher festgestellt haben, fehlen alle Vokale.
Das hat seinen Sinn, denn nun können Sie mit Hilfe der jeweiligen Konsonanten und beliebig einsetzbarer Vokale Wörter bilden, die Sie in Ihrer Phantasie in Bilder umwandeln.
Die Buchstaben WHY + J können Sie als »Joker« verwenden.

z. B.:	1 = T, D	Tee	6 = X	Hexe
	2 = N	Noah	7 = G, K	Kuh
	3 = M	Mao oder OMO	8 = F, V	Fee
	4 = R	Reh	9 = P, B	Po, Bau
	5 = L	Leu = Löwe	0 = S, Z	See, Zoo

Diese Liste können Sie beliebig lang fortsetzen.

10 = Dose / 11 = Tüte / 12 = Ton / 13 = Dom
1 = D + 0 = S / 1 = T + 1 = T / 1 = T + 2 = N / 1 = T + 3 = M

14 = Tür / 15 = Tal
1 = T + 4 = R / 1 = T + 5 = L

16 = Taxi / 17 = Teig / 18 = TÜV / 19 = Tube / 20 = Nase usw.

Betrachten Sie diese Zahlenmethode in erster Linie als eine gute Möglichkeit, Ihre rechte Gehirnhälfte zu trainieren und damit Ihre Konzentrations- und Gedächtnisfähigkeit zu steigern.
Im Alltag können Sie diese Methode einsetzen, wenn es darum geht, leicht zu verwechselnde Zahlen oder Telefonnummern sicher zu speichern.

Beispiel: Telefonnummer: 0975/8273
Frau X steht vor dem S P ie G e L, hält einen F ö N und einen K a Mm
0 9 7 5 8 2 7 3

Eine gute Konzentrationsübung ist es, Texte so schnell wie möglich in eine Ziffernfolge zu verwandeln, um dann später den Text wieder zu entschlüsseln.

Dies sind nur einige Beispiele für Gedächtnistechniken.
Genaue Erläuterungen und weitere Hinweise finden Sie in der angegebenen Literatur.

Minninger, J.: Gutes Gedächtnis – das Erfolgsgeheimnis
Beyer, G.: Gedächtnistraining
Reichel, G.: Der sichere Weg zum phänomenalen Gedächtnis
Buzan, T.: Nichts vergessen!
Buzan, T.: KopfTraining
Hüholdt, J.: Wunderland des Lernens

□ Gehirnhälften

Je weniger Hirn man im Kopf hat, desto mehr ist für Dummheiten Platz. (Gerhard Reichel)

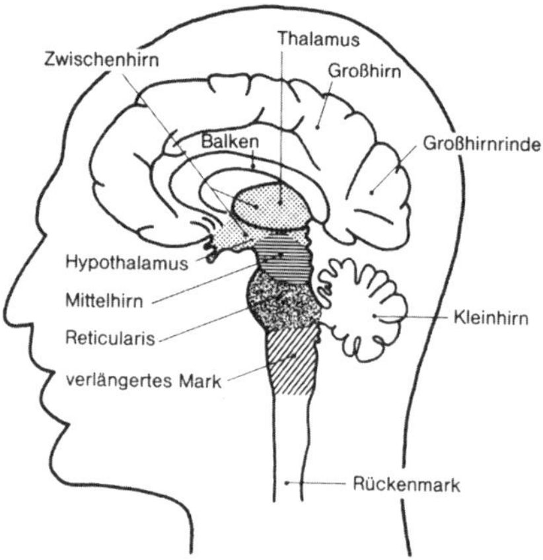

(Abb. aus: G. Beyer: Erfolgreich lernen – Superlearning)

Das Gehirn

– eine geheimnisvolle, gallertartige Masse mit vielen Milliarden Nervenzellen.

Wichtig für unser Denken und Bewußtsein, für Erinnerung, Kombination, Lernen und Vergessen ist das Großhirn, ein zusammengefalteter Lappen von ca. $^1/_2$ m^2 Fläche.

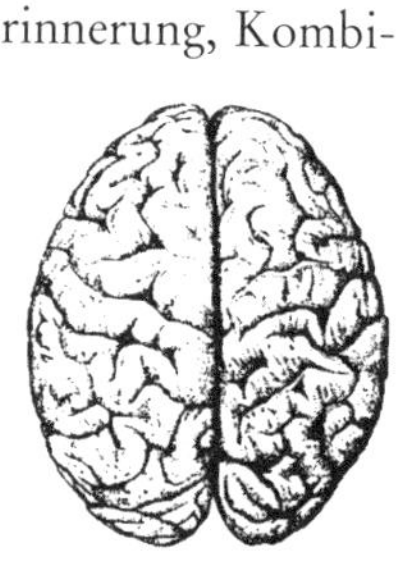

Linke rechte Gehirnhälfte

Es erinnert uns an eine Walnuß.
So wie die Walnuß besteht auch unser Gehirn aus zwei Hälften, die durch einen »Balken« miteinander verbunden sind.
Beide Hirnhälften haben verschiedene Aufgaben zu erfüllen.

Linke Gehirnhälfte	**Rechte Gehirnhälfte**
Sprache – Lesen – Rechnen	Körpersprache – Bildersprache
Ratio – Logik	Intuition – Gefühl
Regeln/Gesetze	Kreativität – Spontaneität
Konzentration auf	Sprunghaftigkeit
einen Punkt	Neugier – Spielen – Risiko
Analyse – Detail	Synthese – Überblick
Wissenschaft	Kunst – Tanz – Musik …
Schritt für Schritt	Ganzheitlich
Einzelheiten	Zusammenhänge
Zeitempfinden	Raumempfinden

Zwei Seelen wohnen ach in meiner Brust … (Goethe, Faust)

Stellen Sie sich unser Gehirn als ein Büro vor, das in der Mitte geteilt ist. Links und rechts steht jeweils ein Schreibtisch. Die beiden Herren, die hier arbeiten, haben die verschiedensten Aufgaben zu erfüllen und sehr unterschiedlich viel zu tun.

Birkenbihl, V.: Stroh im Kopf?
Spinola, R./Peschanel, F. D.: Das Hirn-Dominanz-Instrument

☐ Gehirnhälften

Herr »links«
kann in Worten denken, sprechen, lesen und schreiben.
Er geht Schritt für Schritt bei seiner Arbeit vor und betrachtet v. a. die Einzelheiten. Er ist realistisch.
Er kann immer nur eins nach dem anderen machen und seine Konzentration ist jeweils auf einen Punkt gerichtet.
Herr »links« kann sehr gut rechnen und geht rein wissenschaftlich vor.
Der Verstand, die Logik sind bei ihm vorherrschend. Er analysiert.
Er leitet aus bestimmten Daten und Fakten Schlußfolgerungen ab und erstellt Regeln. Er erkennt Gesetzmäßigkeiten und will sich auch daran halten. Er vermeidet Fehler und vermeidet das Risiko.
Seine Einstellung ist also konservativ.
Alle Dinge müssen für ihn einen Namen haben, ein Etikett. Er hat ein ausgeprägtes Zeitempfinden und plant deshalb seine Zeit.

Herr »rechts«
kann wortlos denken. Er denkt in Bildern.
Er will immer den Überblick behalten und einen Zusammenhang herstellen.
Regeln kümmern ihn nicht, und so ist er kreativ. Er spekuliert, ist neugierig und liebt das Risiko! Herr »rechts« handelt oft spontan und intuitiv!
Seine Logik ist nicht faßbar. Sein Gefühl ist vorherrschend. Er spielt, ist sprunghaft und ungeduldig.

Für ihn muß etwas nicht A oder Nicht-A sein.
Er hat kein Zeitempfinden, sondern ist für die Wahrnehmung und Vorstellung des dreidimensionalen Raumes zuständig.

Wir erreichen nicht das, was wir möchten, sondern das, was wir mit unserem Handeln verursachen!

Trainieren Sie Ihre rechte Gehirnhälfte!

Da im Alltag die linke Gehirnhälfte (bei Rechtshändern) ständig gefordert, ja oft überfordert wird, während die rechte Gehirnhälfte kaum etwas zu tun hat, ist es wichtig, diese »faule« Hälfte wieder in Schwung zu bringen, um die Gesamtleistung des Gehirns zu erhöhen.

Trainieren Sie Ihr Vorstellungsvermögen!

- Seien Sie kreativ!
  (Malen – Töpfern – Musizieren ...)
- Machen Sie verstärkt Gymnastik mit der linken Körperseite
  (Die Nerven der linken Körperseite gehen zur rechten Hirnhälfte)
- Tanzen Sie!

○ Gründe für das Lernen

Duo cum faciunt idem non est idem.
Wenn zwei dasselbe tun, so ist es nicht dasselbe. (Terenz)

Warum lernen Sie?

Lernen Sie

- weil Sie neugierig sind?
- weil Sie einen großen Wissensdrang verspüren?
- weil Sie den Wunsch haben, eine Sache zu vollenden, ein Ziel zu erreichen?
- weil Sie Lust haben, Dinge auszuprobieren?
- weil Ihnen Lernen Freude bereitet?
- weil Sie auf eine Belohnung hoffen?
- weil Sie sonst »Strafe« oder Benachteiligung befürchten?
- weil Sie besser sein wollen als Ihre Konkurrenten?
- weil Sie andere nicht enttäuschen wollen?
- weil Sie jemandem gefallen bzw. auffallen wollen?
- weil Sie zu einer Gruppe gehören möchten?
- weil Sie Kontakt mit einem Lernpartner möchten?

Wer gute Gründe oder Motive hat, ein Ziel zu erreichen, der erreicht es leichter als jemand, der nicht einsieht, warum er ausgerechnet das tun soll.
Diese Tatsache ist nicht neu und trotzdem wird sie, was das Lernen angeht, nicht entsprechend beachtet.
Wer ein Lernziel erreichen, eine Prüfung bestehen will, sollte möglichst <u>viele Gründe</u> finden und <u>schriftlich festhalten.</u>

Gründe für das Lernen ○

Wer das »Warum« des Lebens begreift, schafft jedes »Wie«. (Nietzsche)

Man unterscheidet drei Arten von Lerngründen:

- materielle Lerngründe
- soziale Lerngründe
- interne Lerngründe

Je nachdem, welche Lerngründe für Sie zutreffen, probieren Sie folgende Tips:

- Machen Sie häufig Erfolgskontrollen – <u>Erfolg fördert Erfolg!</u>
- Lassen Sie den konkurrierenden Motiven keine Chance!
- Setzen Sie <u>Zwischenziele!</u>

- <u>Planen Sie Belohnungen ein!</u>
  Kurzfristige Wünsche wie z. B. ein Kinobesuch oder ein Essen mit Freunden kann als Belohnung für das Erreichen eines Zwischenziels angesehen werden.

○ Gründe für das Lernen

- Betrachten Sie das Lernen wie eine Sportart, und suchen Sie den Wettbewerb!
- Suchen Sie sich Lernpartner, und schaffen Sie sich ein Gruppengefühl!
  Ein Lernpartner oder eine Gruppe geben die Möglichkeit des Vergleichs und der Anregung.
- Lernen Sie spielend!
- Seien Sie neugierig, und stellen Sie viele Fragen!
- Machen Sie Ihre Lernumgebung attraktiv, dann fällt das Lernen leichter.
- Schaffen Sie sich Lerngewohnheiten!
  Lerngewohnheiten überwinden den Faulpelz in uns!
- Sorgen Sie für geistige und seelische Entspannung, und lernen Sie nicht, wenn Sie schlechte Laune haben, überarbeitet sind, Sorgen haben oder übermüdet sind.

○ Heftführung

Ordnung führt zu allen Tugenden.
Was aber führt zur Ordnung? (Lichtenberg)

Achten Sie auf eine ordentliche, strukturierte Heftführung!

Je übersichtlicher und besser strukturiert Ihre Notizen sind, desto leichter und schneller lernen Sie.

Denken Sie an die Überschrift und das Datum!

Verwenden Sie Farben!

Unterstreichen Sie! – Markieren Sie!

Heftführung ○

Umrahmen Sie!

Schreiben Sie wichtige Sätze in einer anderen Schrift!

Machen Sie Skizzen!

Lassen Sie einen Rand für wichtige Anmerkungen!

Lassen Sie unten auf der Seite Platz für Hinweise und Literaturangaben!

Notieren Sie den Lernstoff und v. a. Zusammenfassungen mit eigenen Worten!

Sparen Sie, aber nicht am Papier!

Je wichtiger der Lernstoff ist, desto kleiner sollten die Portionen sein, die auf einem Blatt stehen, und um so größer sollte die Schrift sein!

Hirn-Dominanz-Modell □

Die Grundlage für das Hirn-Dominanz-Modell (= Hermann-Dominanz-Instrument = HDI), von Ned Hermann entwickelt, ist die Hemisphärentheorie von Roger Sperry, die von zwei Gehirnhälften und deren unterschiedlichen Funktionen ausgeht.
Ned Hermann teilt – analog zu den zwei Gehirnhälften – die existierenden Denk- und Verhaltensstile in vier Quadranten ein.

① Fakten	logisch analytisch technisch	intuitiv aufbauend ganzheitlich	③ Phantasie
② Form	konservativ organisiert kontrolliert	emotionell einfühlsam musisch	④ Fühlen

☐ Hirn-Dominanz-Modell

Roland Spinola und F. D. Peschanel erläutern in ihrem Buch »Das Hirn-Dominanz-Instrument« die Folgen dieser 4-Quadranten-Annahme und die aufgrund von Fragebögen entstandenen Dominanzprofile.
Die Mehrzahl der Menschen ist auf einen bestimmten Denk- und Verhaltensstil festgelegt, der allerdings nicht nur auf einen, sondern auf jeweils zwei Quadranten zurückzuführen ist.
Für das Lernen und Lehren sind die Konsequenzen dieses »HDI-Modells« äußerst interessant.
Schauen wir uns die vier Quadranten einmal genauer an:

Ein Lernender, der Quadrant 1 bevorzugt
- sieht sofort die Tatsachen eines Problems
- analysiert und folgert daraus
- entwickelt Ideen und stellt Theorien auf
- reagiert positiv auf Daten und Fakten, auf technische Details
- liest gern und mag programmierte Unterweisungen
- läßt wahrscheinlich Gefühle außer acht
- sieht zu wenig die Zusammenhänge

Ein Lernender, der Quadrant 2 bevorzugt
- organisiert und strukturiert den Lernstoff
- geht schrittweise vor, bewertet und probiert aus
- übt durch die Anwendung des Gelernten
- reagiert positiv auf einen durchgeplanten, logisch aufgebauten und konsequent durchgeführten Unterricht
- mag auch programmierte Unterweisungen und Vorlesungen, Texte, Diskussionen
- möchte die Angelegenheit unter Kontrolle haben
- übersieht vielleicht die Zusammenhänge und den Menschen bei der Sache

Ein Lernender, der Quadrant 3 bevorzugt
- ist risikobereit und setzt verstärkt seine Phantasie ein
- stellt sich die Möglichkeiten bildhaft vor

- versucht, auch nicht sichtbare Möglichkeiten intuitiv zu erfassen
- kann ein Problem sofort anpacken, liebt die Spontaneität
- stellt Konzepte auf
- ist offen für alle neuen Ideen, Versuche und Spiele
- reagiert positiv auf eine bildhafte Darstellung
- legt Wert auf die mitmenschlichen Gegebenheiten
- ist in der Lage, auf jeden einzelnen besonders einzugehen
- übersieht durch seine Spontaneität oftmals Einzelheiten und beurteilt die Durchführbarkeit von Plänen nicht immer realistisch

Ein Lernender, der Quadrant 4 bevorzugt
- reagiert emotional und intuitiv
- ist mitarbeiterorientiert
- legt Wert auf die Beeinflussung anderer Menschen
- kann gut zuhören, Ideen austauschen, seine persönlichen Erfahrungen einbringen
- experimentiert gern, liebt die Zusammenarbeit und Diskussion in der Gruppe
- braucht körperliche Bewegung und mag Musik
- übersieht durch seine große Gefühlsbeteiligung sehr leicht Fakten und kommt kaum zu einer Planung der Einzelheiten

Für den Lernenden wie auch für den Lehrenden ist es wichtig zu wissen, daß es sehr unterschiedliche Denk- und Verhaltensstile gibt und welche Quadranten bei ihm persönlich überwiegen.
Nur so ist er in der Lage, seine Vorgehensweise im Unterricht und die seiner Schüler bzw. Mitschüler zu verstehen und auf sie einzugehen.

📖 Spinola, R./Peschanel, F. D.: Das Hirn-Dominanz-Instrument

○ Ideenzettel

Verflucht! Zur rechten Zeit fällt einem nie was ein, und was man Gutes denkt, kommt meist erst hinterdrein. (Goethe)

Legen Sie eine Ideensammlung an!

Die besten Ideen und Problemlösungen kommen nicht auf Befehl am Schreibtisch, sondern oft dann, wenn wir gar nicht damit rechnen. Ganz gleich wo Sie auch sind, Sie sollten immer einen Zettel parat haben, um neue Gedanken und Ideen sofort aufschreiben zu können, damit nichts verlorengeht.

- Schreiben Sie jede Idee auf einen eigenen Zettel!
- Notieren Sie ein passendes Stichwort dazu, damit Sie später wissen, zu welchem Thema der Gedanke gehört.
- Legen Sie eine **Ideenkartei** an!
- Wenn das Problem noch nicht gelöst ist, lesen Sie alle Ideen noch einmal durch!
- Mischen Sie die Ideenkärtchen und legen Sie dann jeweils zwei vor sich hin. Was für neue Gedanken fallen Ihnen ein?

Gefundene Ideen bringen weitere Ideen hervor!

Ideenzettel sind in der Schule v. a. eine große Hilfe bei Aufsätzen oder Referaten.
Im Beruf sind sie nützlich zur Vorbereitung von Konferenzen, von Vorträgen und Diskussionen sowie immer dann, wenn ein Problem gelöst werden soll.
Benutzen Sie für spontane Einfälle und behaltenswerte Gedanken ein Diktiergerät oder einen Kassettenrecorder.

Ein Diktiergerät ist eine gute Möglichkeit, Gedanken festzuhalten, wenn Sie bei einer Arbeit sind, bei der Sie beide Hände gebrauchen, z. B. beim Autofahren.
Es gibt Geräte, die sich beim Klang der Stimme automatisch einschalten und wenn Sie aufhören zu sprechen wieder abschalten.
Irgendwann, wenn Sie Zeit haben, hören Sie das Band ab und schreiben die für Sie immer noch wichtigen Gedanken auf Zettel, auf Karteikarten oder in den Computer.

Das Diktiergerät ist auch beim Lesen eines Sachbuches oder einer Fachzeitschrift eine große Hilfe.
Sie können wichtige Fakten nicht nur im Text unterstreichen, sondern auf Band sprechen und abschnittweise den Text mit eigenen Worten zusammenfassen.
Dabei stellen Sie fest, ob Sie alles verstanden haben, und Ihre Bandaufnahme enthält am Ende alle wichtigen Fakten und Daten, auf die es Ihnen ankommt. Tippen Sie diese Inhaltsangaben und heften Sie sie unter bestimmten Stichwörtern ab, so haben Sie wertvolles Material immer griffbereit.

Interferenz ○

Mehr ist weniger!

Vermeiden Sie Interferenzen!
Machen Sie es nicht so wie der Physiklehrer, den F. Vester in seinem Buch »Denken, Lernen, Vergessen« beschreibt:

Der Physiklehrer beginnt zwischen den Bänken entlangzuwandern. »Also jetzt noch einmal zum Auftrieb. Wenn ihr einen Holzwürfel vollständig ins Wasser taucht, dann spürt ihr ja eine Kraft nach oben wirken. Wenn ihr den Würfel losla\u00dft, dann springt er von alleine hoch...« Philipp hört aufmerksam zu. Was der Lehrer sagt, leuchtet ein. Er beginnt darüber nachzudenken, wird jedoch wieder aus seinen Gedanken herausgerissen. »... Nicht wahr, da ist eine Kraft wirksam, die größer ist als das Gewicht des Würfels. Und zwar genauso groß wie

die des verdrängten Wassers...« Philipp wird unsicher. Wie war das nochmal?
»... In der Physik sagt man: Die Auftriebskraft kommt durch den Unterschied des Gewichtsdrucks an der Ober- und Unterseite zustande. Das heißt, das Wichtigste dabei ist eben, daß diese Auftriebskraft und das Gewicht der verdrängten Flüssigkeit den gleichen Betrag haben...«
Philipp ist nun völlig verwirrt. »... In anderen Worten: Die Auftriebskraft entsteht also durch die Differenz des oberen und unteren Gewichtsdrucks eines eingetauchten Körpers, wobei ihre Größe mit dem Betrag des Gewichts der verdrängten Flüssigkeit identisch ist.«
Philipp schaut seinen Nachbarn ratlos an. Der hat schon längst abgeschaltet und malt Männchen. 42 Sekunden Definition des Auftriebs in vier verschiedenen Varianten.

Wiederholen Sie nicht Informationen in abgewandelter Form sofort hintereinander.
Bringen Sie lieber Beispiele zur Veranschaulichung.

📖 Vester, F.: Denken, Lernen, Vergessen

□ Konzentration

Niemand kann gleichzeitig auf zwei Hochzeiten tanzen!

Konzentration – was ist das?
Konzentration ist nicht nur höchste Aufmerksamkeit, sondern auch die Fähigkeit, sich mit einer Aufgabe oder Sache über einen längeren Zeitraum auseinanderzusetzen.

Nur, wenn wir uns auf eine Sache voll konzentrieren, nehmen wir sie bewußt auf und können sie optimal speichern.

So zeigt sich Konzentrationsmangel:

- Vergeßlichkeit
- Motorische Unruhe (Zappelphilipp)
- Flüchtigkeitsfehler

Der unkonzentriert Lernende läßt sich durch kleinste Geräusche ablenken, schaut verträumt aus dem Fenster, unterbricht ständig seine Arbeit, rutscht unruhig auf seinem Stuhl hin und her oder spielt bei jeder Gelegenheit mit irgendwelchen Gegenständen oder mit seinen Fingern.
Der unkonzentriert Lernende braucht immer wieder neue Anregungen und muß immer wieder neu motiviert werden. Er verliert sonst sehr leicht die Lust an einer Sache, da er ja allein oft vieles nicht zu Ende bringt oder zumindest stundenlang bei seinen Aufgaben sitzt.
Seine Begeisterungsfähigkeit ist wie ein aufloderndes Feuer, das meistens sehr schnell erlischt.

Zerstreutheit ist Konzentration auf etwas anderes! (E. Wickenburg)

Erhöhen Sie Ihre Konzentrationsfähigkeit!

- Teilen Sie Ihre Zeit planvoll ein!
- Machen Sie umfangreiche Arbeiten überschaubar, indem Sie sie in Teilschritte zerlegen!
- Beseitigen Sie Ablenkungsmöglichkeiten!
- Sehen Sie einen bestimmten Lernplatz vor!
- Wechseln Sie Sachgebiete und Tätigkeiten!
- Wechseln Sie zwischen »Kopfarbeit« und »Handarbeit«, zwischen Lesen, Schreiben und Nachdenken!
- Schätzen Sie Ihre Fähigkeiten realistisch ein!
- Erwarten Sie nicht zuviel von sich und anderen!
- Klopfen Sie sich selbst mal auf die Schulter, wenn es sonst niemand tut!

○ Konzentration

- Bestimmen Sie eine geeignete und angemessene Lernzeit!
- Vergessen Sie die Pausen nicht!
- Sorgen Sie für ausreichenden Schlaf!
- Sorgen Sie für ausreichende Bewegung an frischer Luft!
- Sorgen Sie für einen geregelten Tagesablauf!
- Schränken Sie den Fernsehkonsum ein!
- Machen Sie Konzentrationstraining!
- Genießen Sie Ihre Freizeit ohne Reue!

Konzentriert arbeiten heißt gleichzeitig ökonomisch arbeiten. Sie erzielen bei geringerem Aufwand denselben oder sogar höheren Nutzen.

Beyer, G.: Gedächtnistraining
Werneck, T.: Konzentrationstraining
Lauster, U.: Konzentrationsspiele

Konzentrationsübungen

1. Konzentrieren Sie sich auf jede Figur einzeln und lassen Sie sie innerhalb von jeweils einer Minute möglichst oft in der Perspektive kippen.

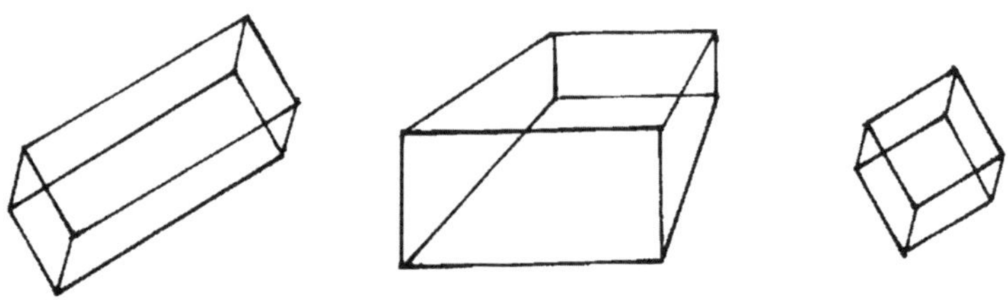

2. Versuchen Sie vom Start nach A zu gelangen, ohne einen Stift zu Hilfe zu nehmen (möglichst schnell!).

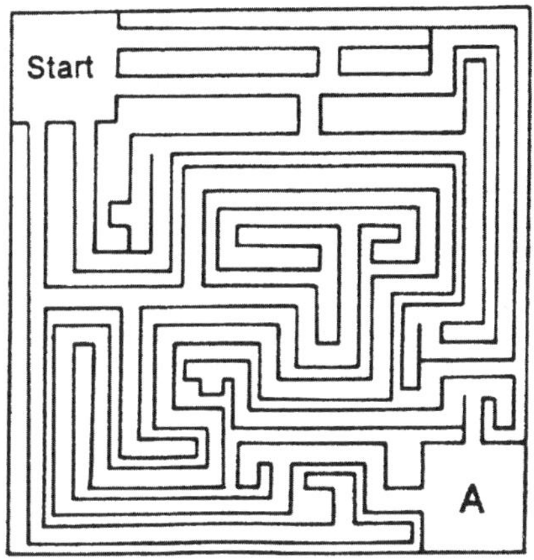

3. Verdunkeln Sie den Raum und zünden Sie eine Kerze an. Aus einem Abstand von ca. 50 cm schauen Sie nun nur auf das Blau der Flamme.
4. Entspannen Sie sich. Schließen Sie die Augen und versuchen Sie, eine große, dunkle Fläche zu sehen, auf der sich nichts bewegt.
5. Stellen Sie das Radio immer leiser, und versuchen Sie, den Text zu verstehen.
6. Unterstreichen Sie in der Zeitung in einem bestimmten Abschnitt alle »e« und »a« so schnell wie möglich.
7. Spielen Sie wieder mal Spiele wie Memory oder Puzzles. (Stoppen Sie die Zeit!)
8. Spielen Sie das »Störspiel«. Während Sie versuchen, sich voll auf eine bestimmte Aufgabe zu konzentrieren, muß Ihr Partner alles daransetzen, Sie zu stören und abzulenken.
   Beginnen Sie mit 2 Minuten und steigern Sie sich langsam jeden Tag. Wenn Sie dieses »Störspiel« regelmäßig spielen, werden Sie feststellen, daß Sie bald weder auf die Türglocke noch auf das Telefon achten und ganz bei Ihrer Sache sind.

○ Konzentration

9. Versuchen Sie so schnell wie möglich (nur mit den Augen) die Linien zu verfolgen. Welche Nummer gehört jeweils zu dem Buchstaben?

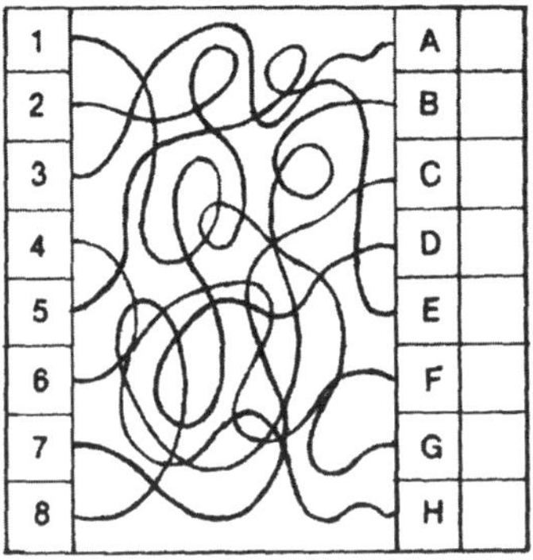

○ Leistungskurve

Morgenstund hat Gold im Mund…

Beachten Sie Ihre Leistungskurve, den Biorhythmus!

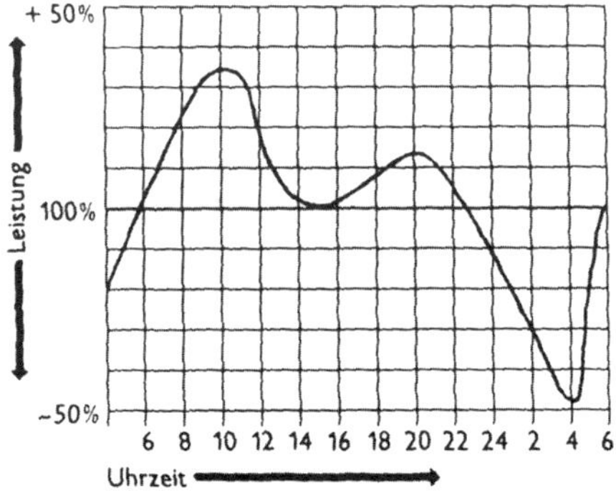

(Abb. aus: Seiwert, L. J.: Das Einmaleins des Zeitmanagement)

Leistungskurve ○

Diese Kurve, die die Schwankungen der physiologischen Leistungsbereitschaft innerhalb von 24 Stunden zeigt, beruht auf Erfahrungswerten.
Es gibt jedoch »Morgenmuffel« und »Abendmuffel«!
Das ist eine Frage der Gewohnheit, des Kreislaufs und der Individualität.

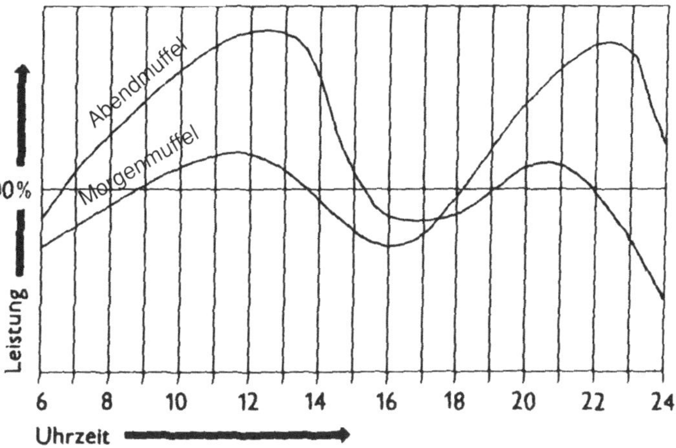

Ein voller Bauch studiert nicht gern!

Lernen Sie nicht gleich nach einem guten Essen!

Essen Sie öfter und dafür weniger, wenn Sie erfolgreich geistig arbeiten wollen.

Nach einem ausgiebigen Essen werden die Verdauungsorgane besonders stark durchblutet und dafür Ihr Gehirn auf »Sparflamme« gesetzt.
Folge: Müdigkeit und Konzentrationsschwäche.
Je fetter, d. h. schwerer verdaulich die Speisen sind, desto länger liegen sie im Magen und behindern die Lernfähigkeit.

○ Lernbereitschaft

Der Mensch ist eine Sonne. Seine Sinne sind seine Planeten. (Novalis)

Auf die Verpackung kommt es an!

Machen Sie neugierig
oder
Verpacken Sie einen neuen Inhalt mit altem, vertrautem Material!

Knüpfen Sie neue Informationen und neue Details an bekannte Inhalte.

Stellen Sie sich vor, Sie gehen durch die Stadt und sehen plötzlich eine Frau mit langen blonden Haaren, einem blauen Mantel und einer weißen Handtasche. Weil Sie annehmen, es sei eine gute Bekannte, gehen Sie auf die Dame zu und sprechen sie an.
Sie dreht sich um, und Sie werden verlegen. – Es ist eine fremde Frau. Sie haben sich der Dame zugewandt, weil Ihnen die Erscheinung bekannt vorkam.
Ist es mit einem Lernstoff nicht ähnlich?
Wenn wir schon einmal davon gehört haben, ist uns die Sache vertraut, und wir bekommen Zutrauen.
In der Werbung ist man sich dessen voll bewußt. Nutzen Sie diesen Sachverhalt doch auch beim Lernen.

Lang ist der Weg durch Lehren, kurz und erfolgreich durch Beispiel! (Seneca)

Machen Sie den Lernstoff »merk-würdig«

Stellen Sie möglichst vielseitige Beziehungen zu interessanten, lustigen oder extremen, d. h. merkwürdigen Fakten her.

Schaffen Sie zusätzliche Gedankenverbindungen!

Je ausgefallener ein Vergleich, eine Darstellung ist, desto mehr Gefühle werden geweckt, und das bedeutet verstärkte Speicherfähigkeit.

Beispiel:

»Kleine Frau sitzt am längeren Hebel«

Gesetz: Die Hebelarme verhalten sich umgekehrt wie die zugehörigen Kräfte.

$$\frac{a_1}{a_2} = \frac{F_2}{F_1}$$

Der Hebel ist im Gleichgewicht, wenn die Produkte aus Kraft und zugehörigem Hebelarm gleich groß sind.

$$F_1 \cdot a_1 = F_2 \cdot a_2$$

Je länger der Hebelarm, desto kleiner muß die Kraft sein, um ein bestimmtes Gewicht zu heben.

○ Lernbereitschaft

Blick in dich! In deinem Innern ist eine Quelle, die nie versiegt, wenn du nur zu graben verstehst. (Marc Aurel)

Lernen fördert das Lernen!

Wer viel nachdenkt, regt sein Gehirn zu weiterer Denkbereitschaft und Denktätigkeit an.

So, wie ein Muskel um so leistungsfähiger wird, desto mehr man ihn benutzt, so wird auch das Gehirn leistungsfähiger, wenn man es fordert (nicht überfordert).

Lernen und Freude sollten eine Einheit bilden!

Ohne Freude, ohne Spaß am Unterricht müssen Lernende und Lehrende sehr viel Energie aufwenden, um immer wieder die innere Abwehr zu überwinden, und es bleibt kaum Energie für ein erfolgreiches Lernen oder Lehren übrig.

Was man erfindet, tut man mit Liebe, was man gelernt hat, mit Sicherheit. (Konfuzius)

Schaffen Sie »Aha-Erlebnisse«

Aha-Erlebnis:
»Ein eigenartiges, im Denkverlauf auftretendes, lustbetontes Erlebnis, das sich bei plötzlicher Einsicht in einen zuerst undurchsichtigen Zusammenhang stellt.« (Karl Bühler)

Wer nicht kommt zur rechten Zeit, muß nehmen, was da übrigbleibt!

Lernen Sie möglichst zu bestimmten Zeiten!

Die Lernbereitschaft stellt sich dann von selbst ein, und Sie müssen keine Energie dafür verschwenden, sich jedesmal zu überwinden.

Lernbereitschaft ○

So wie der Magen »weiß«, wann Essenszeit ist, und Magensaft produziert, damit die Nahrung gleich verdaut werden kann, wenn Sie regelmäßig essen, so gewöhnt sich auch Ihr Gehirn an bestimmte Zeiten und schaltet selbst auf »Lernen« um, ohne daß Sie es immer wieder auffordern müssen.

Programmieren Sie Ihren »Gehirncomputer«!

Lernen Sie stets am selben Ort!

Wenn Sie immer am selben Ort lernen, erhöht sich Ihre Lernbereitschaft.
Ebenso wie bei der gleichen Uhrzeit stellt sich ein Gewöhnungseffekt ein, und Ihr Gehirn braucht keinen »Schubser«, um anzufangen.

○ Lernbereitschaft

Ein großer Fehler, daß man sich mehr dünkt, als man ist, und sich weniger schätzt, als man wert ist. (Goethe)

Klopfen Sie sich selbst mal auf die Schulter!

Verstärken Sie Ihre Lernbereitschaft, indem Sie sich selbst belohnen.

Belohnen Sie Ihre Lernarbeit immer sofort!
Jedes richtige Ergebnis, jeder kleinste Fortschritt sollten belohnt werden.
Dadurch erhöht sich die Lust weiterzumachen, und diese Begeisterung führt zu weiterem Erfolg.

Wenn du ein Schiff bauen willst, trommle nicht Männer zusammen, um Holz zu beschaffen, Werkzeuge vorzubereiten und Arbeit einzuteilen und Aufgaben zu vergeben, sondern lehre die Männer die Sehnsucht nach dem großen, weiten Meer. (Saint-Exupéry)

Ohne Begeisterung schlafen die besten Kräfte unseres Gemütes. Es ist ein Zunder in uns, der funken will. (Herder)

Auch der Kopf will fühlen!

Lerninhalte, die mit starken Gefühlen verknüpft werden, gelangen schneller und besser ins Gedächtnis.

Im Thalamus, einem Teil des Zwischenhirns, werden alle ankommenden Sinneswahrnehmungen mit Gefühlen versehen.

Es gibt keinen gefühllosen Gedanken!

Sie können keinen Gedanken denken, ohne daß Ihr Körper positiv oder negativ reagiert, ohne daß Ihr Körper ein Hormon ausschüttet.

> Der Körper beeinflußt den Geist!
> Der Geist beeinflußt den Körper!

Jedes Lernen ist ein biologischer Prozeß, bei dem körperliche, psychische und geistige Vorgänge untrennbar miteinander verbunden sind. (Frederic Vester)

Der Lernstoff sollte kein Sturzregen von Stecknadeln sein!

Vester, F.: Denken, Lernen, Vergessen

Übrigens ist mir alles verhaßt, was mich nur belehrt, ohne meine Tätigkeit zu vermehren oder unmittelbar zu beleben. (Goethe)

Der »Geist« kommt aus der Flasche!

Alles, was wir denken, lernen oder tun, wird mit dem Geruch, mit dem Duft verknüpft, den unsere Nase jeweils aufnimmt.

Da beim Schnuppern eines Duftes die damit gespeicherten Erlebnisse bzw. Fakten wieder auftauchen, können Sie die Erkenntnis für das Lernen bewußt nutzen: Lernen Sie z. B. englische Vokabeln zum Thema »Küche« mit dem intensiven Duft von Majoran und die Vokabeln zum Thema »Kaufhaus« mit dem Duft eines besonderen Parfums.

Lernen und leben Sie mit allen Sinnen!
- Hören Sie den Lernstoff (vom Lehrenden oder von einer Kassette)
- Sehen Sie den Lernstoff (an der Tafel, im Heft, im Buch)
- Sprechen Sie den Lernstoff (lesen Sie halblaut, erklären Sie den Stoff anderen)
- »Fühlen« Sie den Lernstoff (entwickeln Sie positive Gefühle, und lernen Sie durch Tun, durch Ausprobieren)
- Lernen Sie mit Düften.

Je mehr Sinne beim Lernen wach und gefragt sind, desto leichter wird das Wissen gespeichert. Es wird zu einem inneren Erlebnis!

Vester, F.: Denken, Lernen, Vergessen

Der Mensch hat dreierlei Wege, klug zu handeln:
Erstens durch Nachdenken, das ist der edelste.
Zweitens durch Nachahmen, das ist der leichteste.
Drittens durch Erfahrung, das ist der bitterste. (Konfuzius)

Unser Gehirn besteht aus einer linken und einer rechten Hälfte

(→ Gehirnhälften)

Je nachdem, was wir gerade tun, arbeiten wir verstärkt mit unserer linken oder mit unserer rechten Hirnhälfte. Optimal ist es, wenn beide Hirnhälften gleichermaßen im Einsatz sind.
Wir haben es in der Hand, ob wir beide Hirnhälften einsetzen oder eine bevorzugen und die andere zunehmend faul und träge »in der Ecke sitzt.«

Erwachsene lernen anders!
Erwachsene lernen meistens »linkslastig«.
Die Phantasie ist ihnen in vielen Fällen abtrainiert worden, und so ist die rechte Hirnhälfte oft »verkümmert«.
Zum einen ist es wichtig, die Phantasie wieder lebendig werden zu lassen und die rechte Gehirnhälfte zu aktivieren.
Andererseits müssen die eingeübten Denkweisen, d.h. die Möglichkeiten der linken Hirnhälfte, optimal genutzt werden.

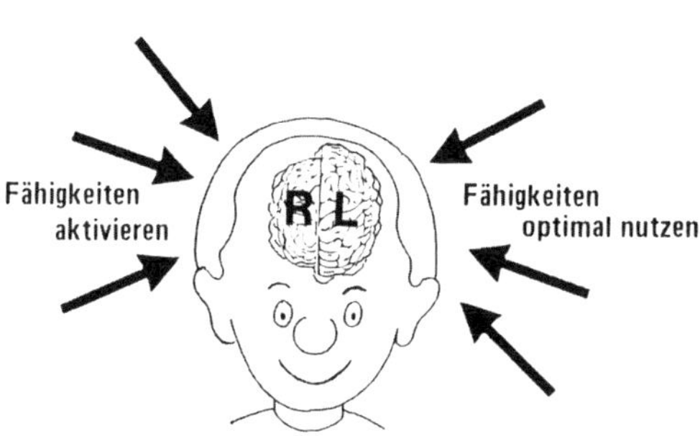

□ **Lernbiologie**

Erwachsene lernen mit zunehmendem Alter langsamer, machen dafür aber weniger Fehler.

Es gibt keinen altersbedingten Abbau des Gehirns!
Ein Nachlassen der Lernfähigkeit ist nicht altersbedingt, sondern eine Folge mangelnden geistigen Trainings.
Der Lernprozeß dauert im Alter länger!

Beyer, G.: Erfolgreich lernen – Superlearning
Kugemann, W. F./Gasch, B.: Lerntechniken für Erwachsene
Oppolzer, U.: Verflixt, das darf ich nicht vergessen!

I know that you believe you understand what you think I said.
But I am not sure you realize that what you heard is not what I meant.

Auf die Wellenlänge kommt es an!

Wir sprechen von gleicher Wellenlänge, wenn Menschen sich verstehen, d. h. wenn der eine den Gedankengängen des anderen gut folgen kann. Das ist dann der Fall, wenn die »Grundmuster« der Gehirnzellenverdrahtung ähnlich sind.
Dieses Grundmuster entsteht in den ersten Wochen und Monaten nach der Geburt und bildet sich nach der Umwelt, die den Säugling umgibt, ganz unterschiedlich aus.
Je ähnlicher zwei Grundmuster sind, desto besser ist die Verständigung.

Das ist natürlich gerade für das Lernen von großer Bedeutung. Ob ein Schüler dem Unterricht gut oder schlecht folgen kann, hängt also nicht allein von seiner Intelligenz ab und von seinem guten Willen, sondern davon, ob sein **Denkmuster** dem des Lehrers oder des Schulbuchverfassers ähnlich ist.

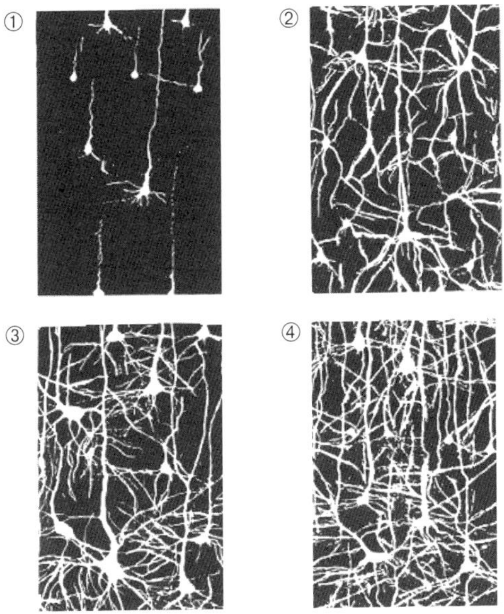

(Abb. aus: Vester, F.: Denken, Lernen, Vergessen)

Schnitt durch eine Partie der menschlichen Großhirnrinde zum Zeitpunkt der Geburt ①, daneben im Alter von drei Monaten ②, von fünfzehn Monaten ③ und von drei Jahren ④.

Aus den Abbildungen wird deutlich, daß im ersten Lebensjahr wichtige Weichen für das spätere Lernen gestellt werden.
Die Nervenzellen des Großhirns werden so miteinander »verdrahtet«, daß sie später möglichst gut mit derjenigen Umwelt zurechtkommen, die in den ersten Lebensmonaten wahrgenommen wurde.

Lernbiologie

Die »Passivität« des Säuglings täuscht darüber hinweg, daß sich gerade in den ersten Wochen im geistigen Bereich sehr viel tut.
Ob ein Schüler in der Schule seinen Lehrer gut versteht und ob ein Angestellter mit seinem Chef auf gleicher »Wellenlänge« liegt, entscheidet die »Verdrahtung« der Gehirnzellen im Säuglingsalter.
Das heißt, wenn ein Schüler bei einem Lehrer nicht gut mitkommt, sollte er nicht aufgeben und nicht verzweifeln, sondern mit Hilfe von Büchern oder/und Mitschülern und Erwachsenen versuchen, sich den Stoff anzueignen.
Ein anderes Grundmuster zu haben, bedeutet nicht, weniger intelligent zu sein. Auch Bücher sind von Menschen geschrieben und setzen damit eine bestimmte Wellenlänge voraus. Wenn Sie die Erklärungen des einen Verfassers nicht nachvollziehen können, nehmen Sie ein anderes Buch zum gleichen Thema zur Hand.

Vester, F.: Denken, Lernen, Vergessen

Lernen im Schlaf

Den Seinen gibt's der Herr im Schlaf… (Aus der Bibel)

Bei der Methode »Lernen im Schlaf« wird dem Gehirn Lernstoff während der Traumphasen des Schlafes angeboten. Hilfsmittel sind ein zeituhrgesteuerter Kassettenrecorder und eine Endloskassette.
Die Traumphasen wechseln regelmäßig und berechenbar mit Tiefschlafphasen ab. Die erste Traumphase dauert ca. 5 Minuten. Ansonsten vergehen von einer Traumphase (REM-Phase) bis zur nächsten ziemlich genau 90 Minuten.

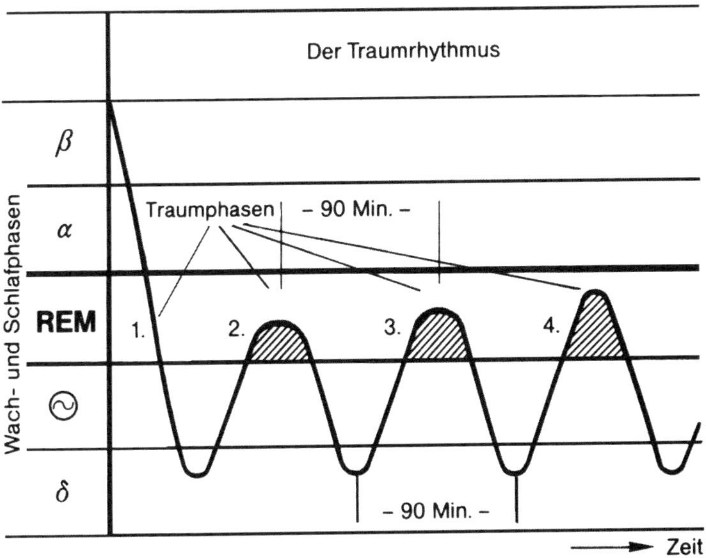

Die nächtlichen Traumphasen

(Abb. aus: Beyer, G.: Erfolgreich lernen – Superlearning)

Schlaf bzw. Traum werden durch den Kassettenrecorder nicht beeinträchtigt. Das Gehirn setzt Prioritäten.
Sollte der Traum wichtiger sein als der angebotene Lernstoff, so hat dieser keine Chance, aufgenommen zu werden. Der während des Schlafens gelernte Stoff muß am nächsten Tag wiederholt und angewendet werden, um sicher und richtig eingeordnet zu werden.

☐ Lernen im Schlaf

Probleme: – den Einschlafzeitpunkt genau festzulegen
– sich an die Stimme auf Band zu gewöhnen
(In den ersten Nächten können Sie sich gestört fühlen.)

Beyer, G.: Erfolgreich lernen – Superlearning

○ Lernerfolg

Nichts ist erfolgreicher als Erfolg.

Erfolg muß sichtbar sein!

(Zettel für den Schreibtisch, immer vor Augen)

Um Erfolg sichtbar zu machen, gibt es viele Möglichkeiten, z. B.:

- Hängen Sie einen Jahreskalender an Ihrem Arbeitsplatz auf, in den Sie an erfolgreichen Tagen Sternchen eintragen oder ein lachendes Gesicht.
- Wenn Sie Arbeiten schreiben müssen, die zensiert werden, machen Sie einen Notenspiegel.
- Wenn Sie Hausaufgaben erledigen, tragen Sie in einen Aufgabenplan ein, wann es gut gelaufen ist, wann es Ihnen Spaß gemacht hat.
- Lernen Sie Vokabeln einer Fremdsprache mit der Lernkartei, dann haben Sie am Jahresende den Beweis für Ihr Wissen in »cm« oder »Gramm«.
- Schreiben Sie gute Gedanken, wichtige Fakten und Erfolgserlebnisse auf Zettel, die Sie im Zettelkasten sammeln. So können Sie Ihr Wissen jederzeit durchstöbern und zusehen, wie es sich vermehrt.

Lernerfolg ○

Spieglein, Spieglein …

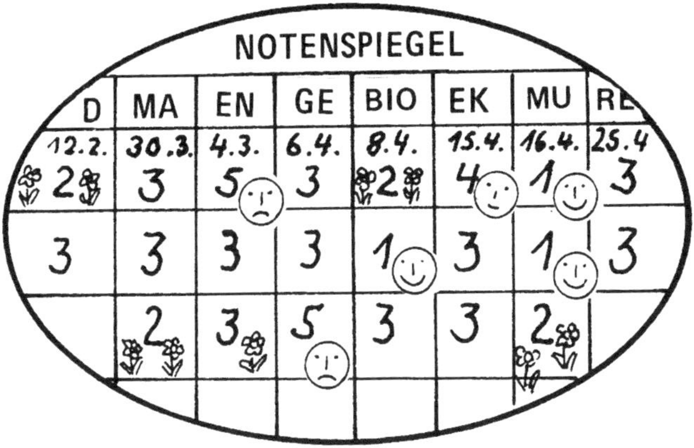

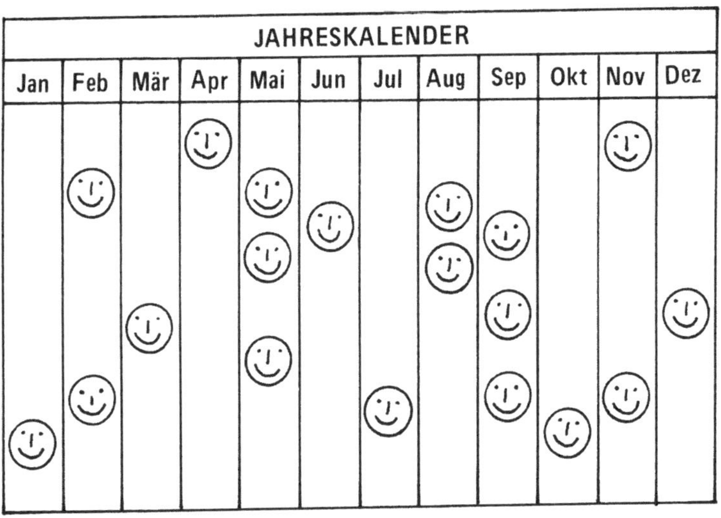

Bei jedem Erfolgserlebnis ein lachendes Gesicht

○ **Lernerfolg**

Nimm die Treppe zum Erfolg Stufe für Stufe…

Erfolg verstärkt Erfolg!

... und versuch es nicht mit einem einzigen Sprung!

Mißerfolge schwächen die Persönlichkeit!

Es ist keine Schande hinzufallen, aber eine Schande liegenzubleiben!

○ Lernerfolg

Der Worte sind genug gewechselt, laßt uns auch endlich Taten sehen.
(Goethe, Faust)

Wenden Sie das Gelernte möglichst sofort an!
Jean Piaget, ein bedeutender Lernpsychologe, vertritt die Auffassung, daß jede geistige Tähigkeit des Erwachsenen irgendwann einmal eine konkrete Handlung war.

Man lernt nur handelnd!

Wenn Ihnen jemand erklärt, wie eine Maschine funktioniert oder wie ein Kuchen gebacken wird, sind Sie nicht unbedingt sofort in der Lage, die Informationen weiterzugeben oder sich selbst nach den Anweisungen zu richten. Haben Sie jedoch eine Maschine selbst auseinandergenommen und wieder zusammengesetzt (vielleicht zunächst mit Hilfe), dann können Sie es beim zweiten Mal allein, ja, Sie können auch anderen erklären, wie es geht.

Denken Sie beim Probieren daran:

Je mehr Spaß, desto größer ist der Lernerfolg!

Vergleichen Sie sich öfter mit sich selbst.
Vergleichen Sie sich im Unterricht nicht mit Ihrem Nachbarn.
Jeder Mensch lernt anders.

Vergleichen Sie Ihre Leistungen von gestern mit denen von heute, und Sie werden selbstbewußter.

Wenn Sie mit Ihrem Lehrer nicht auf gleicher »Wellenlänge« sind, seine Erklärungen und Erläuterungen nur mit Mühe oder gar nicht verstehen, dann überlegen Sie, was für ein Lerntyp Sie sind, und bereiten Sie sich den Lernstoff dementsprechend auf, lesen Sie in verschiedenen Büchern nach, oder lassen Sie sich den Stoff von einem Mitschüler oder einem Freund erklären.

Lerngesetze ☐

Ohne Verstand, Weisheit und Gesetze kann kein Volk haushalten. (Luther)

1. Lernen erfolgt durch Beobachtung und Nachahmung anderer Menschen
2. Lernen wird beeinflußt durch Erfolg und Mißerfolg
3. Lernen erfolgt durch Verknüpfung von Verhaltensweisen oder Erlebnissen = Konditionierung
4. Lernen erfolgt durch die Bildung von Gewohnheiten
5. Lernen erfolgt durch Verbindung mit Bekanntem, Bildung von Oberbegriffen, Klärung von Zusammenhängen
6. Lernen wird beeinflußt durch Einstellungen und Erwartungen

zu 1. Die wichtigste Art, wie ein Mensch neue Verhaltensweisen übernimmt, liegt in der Beobachtung und Nachahmung – meist unbemerkt.

zu 2. Der Mensch lernt durch Erfolgserlebnisse, ein Verhalten zu verstärken, und durch Mißerfolge, es zu unterlassen. Da Anerkennung und Bestätigung für den Menschen sehr wichtig sind, kann negatives Verhalten bei Beachtung vermehrt auftreten, wenn die positiven »Streicheleinheiten« nicht ausreichen. Mißerfolg in Form von Schimpfen oder Strafe wird in diesem Fall als Zuwendung und Anerkennung betrachtet.

zu 3. Bestimmte Verhaltensweisen oder Erlebnisse können durch Erfahrung miteinander verknüpft werden. Wenn das Lernen in der Schule z. B. immer mit Druck, Kritik, schlechten Noten usw. verknüpft wurde, ist es kein Wunder, wenn der Erwachsene keine Lust verspürt, einen Computerkurs zu machen oder eine Weiterbildung, selbst wenn er dadurch beruflich mehr Erfolg haben wird.

zu 4. Ein Verhalten, das ständig wiederholt wird, das immer wieder auftritt, führt zu einer Gewöhnung, tritt automatisch auf. Jemand, der immer zur gleichen Zeit ißt, gewöhnt seinen Magen an die Regelmäßigkeit und bekommt zur bestimmten Zeit automatisch Hungergefühle.

Jemand, der ständig zur gleichen Zeit lernt, stellt sich automatisch darauf ein und muß sich nicht jedesmal mit viel Energie aufraffen.

zu 5. Neue Informationen werden besser behalten, wenn sie mit bekannten Dingen in Verbindung gebracht werden. Es ist sinnvoll, Zusammenhänge herzustellen und Oberbegriffe zu suchen.

zu 6. Gelernt wird um so besser, wenn die Einstellungen und Erwartungen des Lernenden und des Lehrenden zueinander positiv sind.

○ Lernhemmungen

»Die Zwillinge gleichen sich ja wie ein Ei dem anderen! Wie hältst du sie nur auseinander?«
»Ganz einfach! Ich nenne den Zwilling links immer Harry und den Zwilling rechts immer Larry.«

Lernen Sie ähnliche Fakten zeitlich und räumlich weit voneinander getrennt!

<u>Ähnliche Lernstoffe hemmen sich gegenseitig!</u>

Es kommt bei Bedarf zu Abrufschwierigkeiten und Verwechslungen.

Je ähnlicher sich Begriffe oder Daten sind, desto mehr Zeit sollte zwischen dem jeweiligen Einprägen liegen und desto weiter voneinander entfernt müssen sie notiert werden.

Unterschiedliche Farben sind eine große Hilfe.

Bei ständiger Verwechslung zweier sich sehr ähnelnder Begriffe schlagen Sie sich auf eine Seite, d.h. finden Sie eine Eselsbrücke nur für einen Begriff, dann sind Sie bei einer Frage ganz sicher, welcher von beiden gemeint ist.

Beispiel: Stalagmiten und Stalaktiten (Tropfsteine)

Der Stalaktit hat ein t wie der Tropfen, er tröpfelt von der Decke.

Es gibt auf der ganzen Welt keinen Menschen, der nicht fähig wäre, mehr zu tun als er glaubt.

Lernhemmungen treten auf bei:
- Lernen ohne Pausen
- Störungen (auch wenn sie noch so kurz sind)
- Ähnlichkeit der Lernstoffe
- Ärger, Freude, Schreck

Es gibt also verschiedene Lernhemmungen:
- **Lernhemmung durch die zeitliche Nähe**
  Zwei Lernprozesse, die zu dicht aufeinanderfolgen, hemmen sich gegenseitig.
- **Lernhemmung durch Ähnlichkeit**
  Ähnliche Lernstoffe führen bei der Einordnung in unser Gedächtnis zu Verwechslungen.
  Je ähnlicher Lernstoffe sind, desto größer sollte der zeitliche und räumliche Abstand beim Lernen sein!
- **Lernhemmung durch Erregungen nach dem Lernen**
  (= postmentale Lernhemmung)
  Der Lernprozeß ist nicht abgeschlossen, wenn die Wahrnehmung des Lernstoffes beendet ist.
  Das Einprägen in unser Gedächtnis braucht zusätzlich Zeit.

○ Lernhemmungen

- **Lernhemmung durch Gefühle** (= affektive Lernhemmung)
  Wird der Speicherungsprozeß durch gefühlsmäßige Erregungen wie Ärger, Schreck, starke Freude usw. gestört, so kommt es ebenfalls zu einer Lernhemmung.
- **Wiedergabehemmung**
  Wird kurz vor dem Abfragen, vor einer Prüfung, neues Wissen aufgenommen, dann stören die postmentalen Prozesse des neuen Lernens die Wiedergabe des früher gelernten Stoffes.

Schräder-Naef, R.: Rationeller Lernen lernen
Jörger, K.: Einführung in die Lernpsychologie

○ Lernkartei

Lernen ist wie das Rudern gegen den Strom: Sobald man aufhört, treibt man zurück! (Benjamin Britten)

Legen Sie eine Lernkartei an! Sie hat folgende Vorzüge:
- Lerneinstieg geschieht immer an der richtigen Stelle
- unmittelbare Lernkontrolle
- kurzfristige Erfolgserlebnisse
- verteilte Wiederholung
- Förderung der Konzentrationsfähigkeit
- individuelle Gestaltung des Lerntempos und der Anzahl der Wiederholungen
- Vermeidung von »Überlernen« und nutzlosen Wiederholungen

Beim Lernen mit dem Buch müssen Sie immer wieder alle Vokabeln durchlesen, auch solche, die Sie bereits lange kennen. Beim Lernen mit der Lernkartei schreiben Sie die Vokabeln, die Sie noch nicht kennen, auf kleine Karteikarten und stecken Sie in den ersten Teil des Karteikastens.
Beim Wiederholen dürfen diejenigen Vokabeln, die Sie jetzt beherrschen, in den 2. Teil des Kastens gesteckt werden. Die Vokabeln, die Sie nicht mehr wissen, kommen zurück in den 1. Teil des Kastens.

Wiederholen Sie in immer größeren Zeitabständen, bis alle Vokabeln im 5. Kastenteil angelangt sind. Nach ein paar Monaten überprüfen Sie die Vokabeln des 5. Abschnitts noch einmal und alle Vokabeln, die Sie dann beherrschen, dürfen den Kasten verlassen und gelten als gekonnt. Alle nicht gewußten Vokabeln müssen wieder zurück in den 1. Kastenabschnitt. Das, was Sie wissen, können Sie nun messen oder wiegen. Der Stapel vor Ihnen vermittelt ein Erfolgserlebnis und motiviert weiterzumachen.
Bei Vokabeln ist es wichtig, nicht nur die einzelne Vokabel aufzuschreiben, sondern einen zusammenhängenden Satz, aus dem der genaue Sinn des Wortes ersichtlich ist.
Nicht nur in Fremdsprachen ist jedoch die Lernkartei einsetzbar, sondern ebenso in anderen Fächern oder Sachgebieten.
<u>Hilfreich sind kleine hinzugefügte Skizzen oder Diagramme, die das Gelernte veranschaulichen.</u>

📖 Leitner, S.: So lernt man lernen

Lernkartei

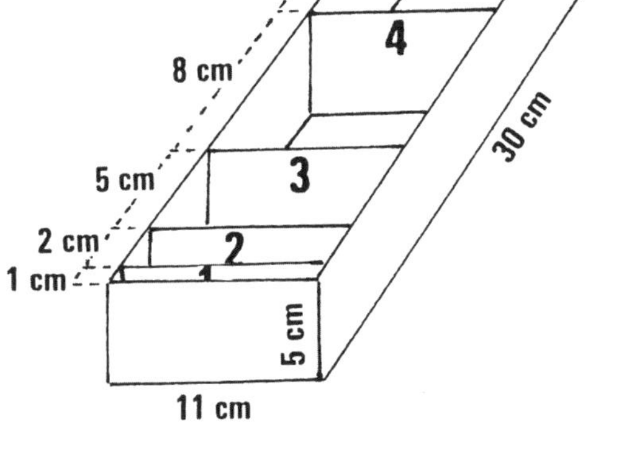

○ Lernkartei

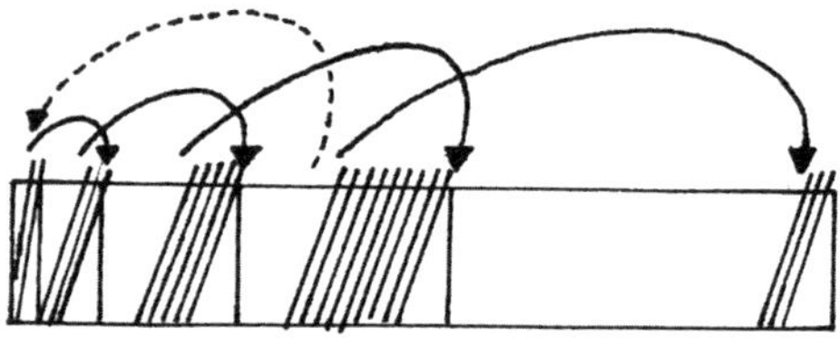

Das ist die »Studienreise« einer gemerkten (——————►) und einer vergessenen (- - - - - - - -►) Vokabel

SUCHEN
Ich suche einen Freund

CHERCHER
Je cherche un ami

Leitner, S.: So lernt man lernen

☐ Lernkurven

Sage ihm etwas und er vergißt es. Zeige ihm etwas und er behält es. Beziehe ihn als Person mit ein, und er versteht es. (Aus China)

1. Lernkurve beim Auswendiglernen = Lernen durch Verknüpfen

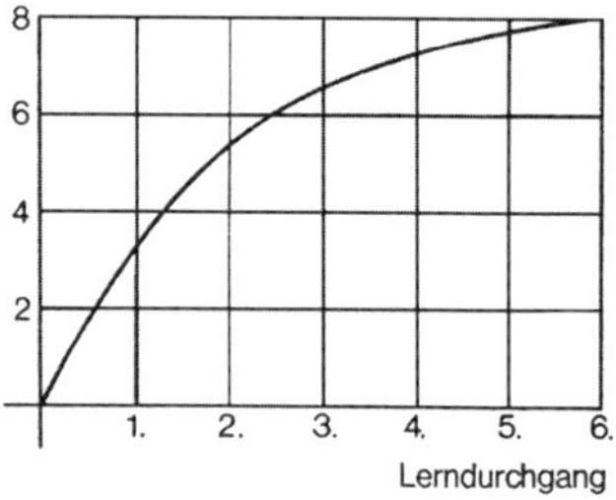

(Diese und die folgenden beiden Abb. aus: Kugemann, W. F.: Lerntechniken für Erwachsene)

2. Lernkurven beim Lernen durch Einsicht, durch Strukturieren

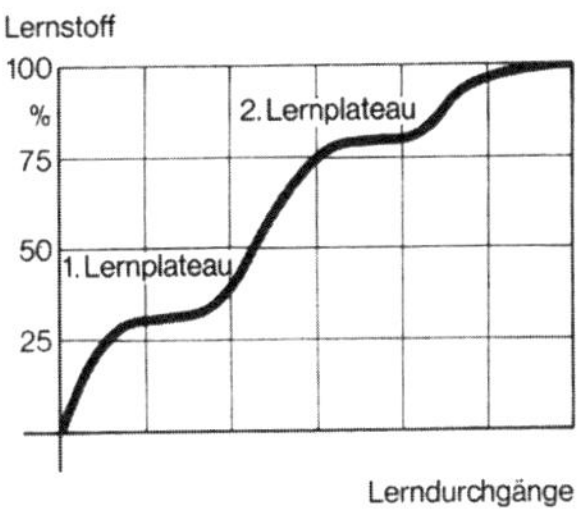

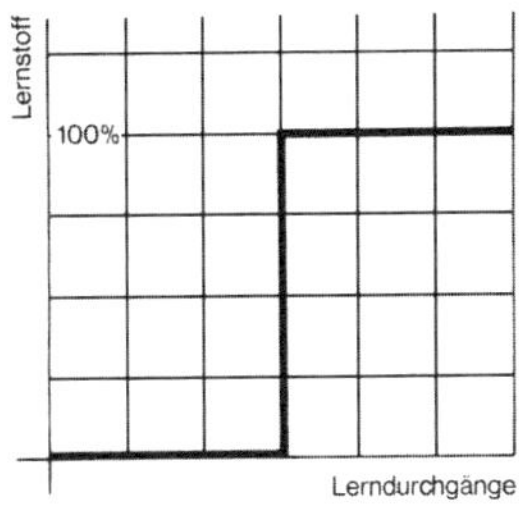

Lernen ist nicht gleich Lernen.
Der Lernverlauf beim Vokabellernen sieht anders aus als beim Lernen einer grammatischen Regel oder eines physikalischen Gesetzes.
Beim sogenannten Auswendiglernen, d. h. beim Lernen durch Verknüpfen, wird in den ersten Lerndurchgängen ein großer Teil der Informationen gespeichert, während der letzte Rest nur sehr schwer und langsam haften bleibt.
Die Lernkurve steigt daher steil an und wird zum Ende hin immer flacher.

Die 2. Lernkurve für das Lernen durch Einsicht, durch Strukturierung, zeigt zwei »Lernplateaus«.
Da scheint es jeweils zunächst nicht weiterzugehen. Der gelernte Stoff muß im Gehirn neu strukturiert werden. Einzelne Elemente werden zu einem Block zusammengefaßt, dann geht es weiter.
Lernplateaus sind notwendig für einen späteren Lernfortschritt und nicht durch Pausen oder durch besondere Anstrengung zu übergehen.

Zu einem regelrechten Lernsprung (3. Lernkurve) kommt es beim »Aha-Erlebnis«. Hier ist das Kennenlernen der Einzelteile eines Problems, einer komplexen Aufgabe, vorangegangen. Während dieser Phase ist kein Lernfortschritt sichtbar. Dann jedoch werden diese Einzelerfahrungen im Gehirn miteinander in Beziehung gesetzt und es entsteht eine Struktur, die zum Erkennen bzw. Lösen der Aufgabe führt.

Kugemann, W. F./Gasch, B.: Lerntechniken für Erwachsene

○ Lernplateau

Geduld ist ein Baum, dessen Wurzel bitter, dessen Früchte aber sehr süß sind. (Aus Persien)

Akzeptieren Sie das Lernplateau!

Beim Lernen durch Einsicht, d. h. bei einem Lernvorgang, bei dem es auf Strukturierung und auf das Erfassen von Zusammenhängen ankommt, strömen zunächst einmal viele Fakten auf uns ein, die richtig zugeordnet und verstanden werden müssen. Das braucht Zeit, und deshalb kommt es dann zu einem sogenannten Lernplateau, zu einer Verarbeitungsperiode, bevor das »Aha-Erlebnis« eintritt und der Lernsprung auf die nächste Stufe erfolgt.

Wenn Sie beim Lernen sozusagen auf der Stelle treten, haben Sie Geduld und lernen Sie weiter. Lernplateaus sind notwendig für den weiteren Lernfortschritt und nicht durch Pausen oder vermehrte Anstrengung zu überspringen.

Lernplateau ○

Geduld! Nicht aufgeben! Weiterlernen!

Ein Lernplateau gehört zum Verständnislernen wie eine rote Ampel zum Verkehr.

»Wer hätte mit mir Geduld haben sollen, wenn ich sie nicht gehabt hätte?«

Das flüchtige Lob, des Tages Ruhm
Magst du dem Eitlen gönnen;
Das aber sei dein Heiligtum:
Vor dir bestehen können. (Goethe)

Lernposter ○

Widerwärtigkeiten sind Pillen, die man schlucken muß, nicht kauen! (Lichtenberg)

Machen Sie ein Lernposter!

Es gibt Poster mit allen möglichen Motiven. Warum entwerfen Sie nicht ein Poster zu Ihrem Lernstoff?

Schreiben Sie schwierige Formeln, Begriffe, Vokabeln, Regeln, Zahlen, … mit dickem Filzstift auf die Rückseite alter Poster oder auf große, farbige Bögen (oder auch auf Tafelfolie) und malen Sie Skizzen dazu.
Hängen Sie dieses Lernposter direkt bei Ihrem Schreibtisch auf, so daß Sie die im Moment wichtigen Fakten und Daten immer vor Augen haben. Aktualisieren Sie es dann, wenn Sie den Lernstoff beherrschen.

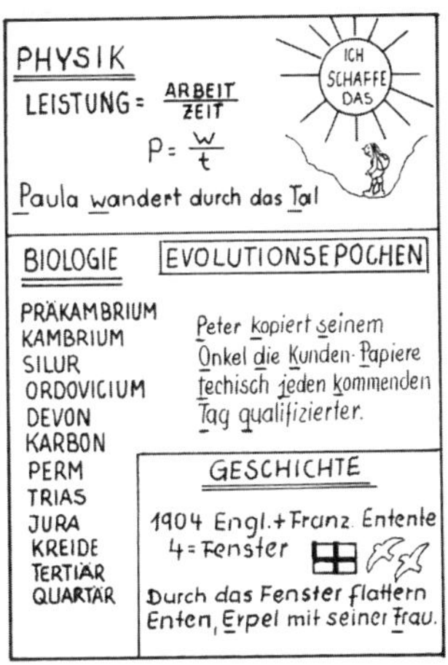

○ Lernticks

Natur bringt wunderliche Käuz' ans Licht. (Shakespeare, Der Kaufmann von Venedig)

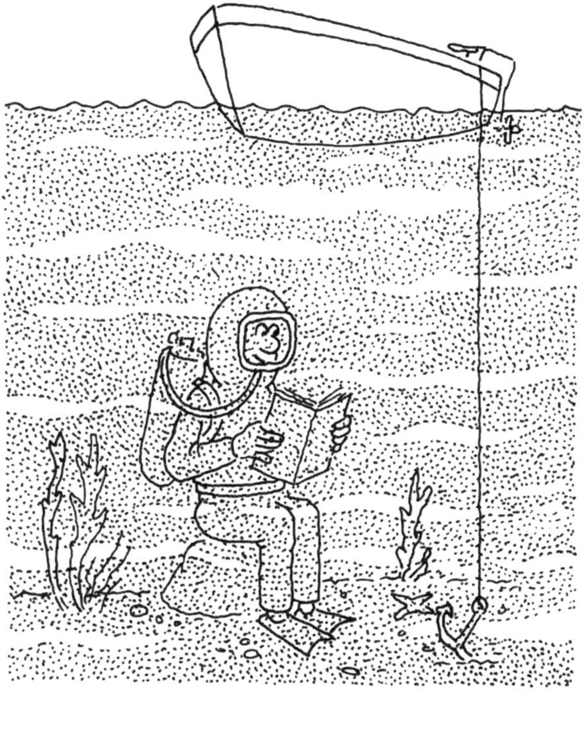

Akzeptieren Sie Ihre Lernticks

Jeder Mensch lernt anders!
Dieser Satz taucht mehrfach auf, weil es so wichtig ist, daß wir uns gerade beim Lernen nicht ständig mit anderen vergleichen, sondern unseren eigenen, ganz individuellen Weg gehen.

»Lernticks« erleichtern das Lernen!

Beispiele berühmter Männer:

Von Schiller sagt man, daß ihn der Geruch faulender Äpfel inspiriert habe. Er hatte sie in seinem Schreibtisch, wenn er neue Werke schuf.

Von Hemingway ist bekannt, daß er vor der Arbeit 20 Bleistifte anspitzte.

Von Goethe weiß man, daß er viel Bewegung brauchte. Auf Spaziergängen kamen ihm die besten Ideen.

Wenn Sie also feststellen, daß Sie am besten lernen können, wenn Sie in der Küche sitzen, auf dem Teppich im Wohnzimmer liegen oder gar auf dem Kopf stehen, dann lassen Sie die anderen ruhig lächeln und pflegen Sie ihren »Tick«.

Der Erfolg wird Ihnen rechtgeben.

☐ Lerntyp

Das, was jemand von sich selbst denkt, bestimmt sein Schicksal.
(Mark Twain)

Beachten Sie Ihren individuellen Lerntyp!

Jeder Mensch lernt auf seine Weise!

Der eine kann gesehene Dinge besser behalten, der andere gehörte und der dritte lernt dann besonders gut, wenn er anfassen, wenn er »begreifen« kann. Der eine Schüler lernt besser allein im stillen Kämmerchen, der andere braucht das Gespräch, die Auseinandersetzung. Es gibt fast ebenso viele Lerntypen wie es Lernende gibt! Der Lerntyp hängt mit der Ausbildung des Grundmusters unseres Gehirns (→ Lernbiologie) in der ersten Zeit nach der Geburt zusammen. In diesen Monaten werden je nach Umwelteinflüssen bestimmte Gehirnzellen mehr oder weniger miteinander »verdrahtet«. Es entsteht ein Netz.
Die Art der Verbindungen sagt nichts über die Intelligenz des Menschen aus, sondern ist wichtig für die Verständigung zweier Menschen miteinander. Wenn wir die Gedankengänge eines Partners gut nachvollziehen können und bei Fragen genau wissen, was gemeint ist, sind wir auf gleicher Wellenlänge. Wir verstehen uns.
Dieses Grundmuster entscheidet auch darüber, welchen Eingangskanal wir beim Lernen bevorzugen, ob wir mehr ein Sehtyp sind, ein Hörtyp, ein Fühltyp, ein verbaler Typ oder ein Gesprächstyp.
Unser »Lerntyp« ist jedoch differenzierter und hängt von vielen verschiedenen Faktoren ab. Für einen Lehrer ist es so gut wie unmöglich, auf alle Lerntypen einzugehen. Das Wissen um diese Vielfalt ist jedoch ausgesprochen wichtig. Der Lernende wird mehr Verständnis für seine Schwierigkeiten haben, und die Begriffe »Dummheit« oder »Intelligenz« bekommen einen anderen Stellenwert.
Es ist wichtig, seinen individuellen Lerntyp zu kennen, damit der Schüler nicht resigniert, wenn er bei einem Lehrer Probleme hat. Zumindest zu Hause sollte er so lernen, wie es für ihn optimal ist.

📖 Vester, F.: Denken, Lernen, Vergessen

Lerntyp ☐

Wie finde ich meinen Lerntyp? (für Schüler)

I. Ich verstehe beziehungsweise behalte etwas besonders gut (+), mittel (0), schlecht (–):

	Verstehen	Behalten
1. wenn der Lehrer den Stoff mit Worten vorträgt	____	____
2. wenn der Lehrer Bilder an die Tafel malt, Dias zeigt oder etwas vorführt	____	____
3. wenn darüber ein Film gezeigt wird	____	____
4. wenn wir den Stoff gemeinsam in der Klasse üben	____	____
5. wenn der Lehrer es mir allein erklärt	____	____
6. wenn ich es mit einem Nachhilfelehrer übe	____	____
7. wenn es mir ein Schulfreund erklärt	____	____
8. wenn es mir einer meiner Eltern oder Geschwister erklärt	____	____
9. wenn ich allein mit einem Schulbuch lerne	____	____
10. wenn ich aus meinem Heft lerne	____	____
11. wenn ich mir das Wichtigste in meinen eigenen Worten aufschreibe oder einen »Spickzettel« schreibe	____	____
12. wenn ich etwas selbst erlebt habe	____	____
13. wenn es mich an etwas Angenehmes erinnert	____	____
14. wenn es mich an etwas Unangenehmes erinnert	____	____
15. wenn ich es mir selbst ausdenke	____	____
16. wenn ich lese	____	____
17. wenn mir jemand darüber eine Geschichte erzählt hat	____	____
18. wenn ich mir Bilder darüber angeschaut habe	____	____
19. wenn ich etwas in einem Film gesehen habe	____	____
20. wenn ich es interessant finde	____	____
21. wenn ich es langweilig finde	____	____
22. wenn ich es lernen muß	____	____
23. wenn ich Angst habe, daß ich es wieder vergesse	____	____
24. wenn es wichtig ist	____	____
25. wenn es unwichtig ist	____	____
26. wenn es einfach ist	____	____
27. wenn es kompliziert ist	____	____
28. wenn es komisch ist	____	____

Auszug aus einem Lerntyptest von Frederic Vester (»Denken, Lernen, Vergessen«)

Lernwege

Viele Wege führen nach Rom…

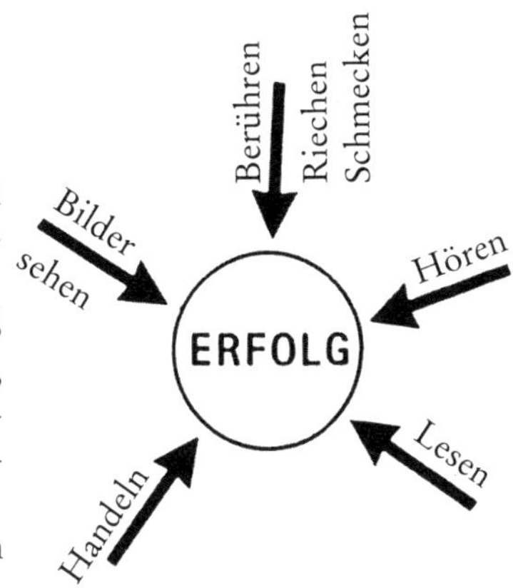

Lernstoff kann auf verschiedenen Wegen vermittelt und aufgenommen werden.
Ganz allgemein ist zu sagen, daß unser Gehirn am besten arbeitet, wenn es Bilder angeboten bekommt, d. h., wenn der Stoff anschaulich dargestellt ist.
Wechselt man die verschiedenen Lernwege – Lesen, Sehen, Hören, Handeln – miteinander ab, so erhöht sich die Konzentration, und die Aufnahmefähigkeit kann gesteigert werden.
Wird der Lernstoff nur übers Ohr vermittelt, so wie es oft in der Schule, bei Vorträgen u. a. Lehrveranstaltungen der Fall ist, gibt es für den Zuhörenden drei Anregungen, die ihm helfen, möglichst viel mitzubekommen.

Hören:
- Wichtiges mitschreiben oder mitzeichnen
- Wichtiges leise nachsprechen
- Das Vorstellungsvermögen trainieren und versuchen, sich von den gehörten Tatsachen ein Bild zu machen

Lesen:
- Erst den ganzen Text lesen, um einen Überblick zu bekommen
- Wichtige Textstellen laut sprechen (auf Kassette, um es später abhören zu können – Diktiergerät!)
- Wichtige Textstellen markieren
- Wichtiges mit eigenen Worten zusammenfassen und aufschreiben (auch auf Band sprechen)
- Inhalt in ein Schema umsetzen
- Den Text durch Skizzen anschaulich machen
- Den Text mit Hilfe der Phantasie in Bilder umsetzen

Bildmaterial:
- Zeichnungen und Bilder beschriften
- Abbildungen in eine für Sie geeignete Reihenfolge bringen
- Abbildungen selbst nachzeichnen und auf das Wesentliche reduzieren
- Sich das tatsächliche Aussehen der Dinge und Bewegungsabläufe vorstellen

Handeln:
- Handlungseinheiten benennen
- Handlungseinheiten üben
- Handlungsabläufe logisch aufbauen und in ein Schema bringen
- Lehrenden zusehen und ihre Handlungen nachmachen
- Handlungen in der Phantasie üben

Lesetechnik ☐

Erst durch das Lesen lernt man, wieviel man ungelesen lassen kann!
(Wilhelm Raabe)

Optimales Lesen ist eine große Hilfe!

Ein Lerntext muß anders gelesen werden als eine Zeitung!

Lesen setzt eigene Aktivität voraus!

Beim Lesen müssen Symbole entschlüsselt und im Gehirn in Vorstellungen umgesetzt werden!

<u>Prüfen Sie Ihre Lesegewohnheiten!</u>

Nehmen Sie sich irgendeinen Text, eine Zeitung oder ein Buch, und lesen Sie bewußt einen Abschnitt oder eine Seite.

☐ Lesetechnik

Beobachten Sie sich:
- Sprechen Sie den Text während des Lesens leise mit?
- Sprechen Sie den Text in Gedanken mit?

Beide Varianten behindern Ihre Lesegeschwindigkeit!
Versuchen Sie, sich den Text bildhaft vorzustellen, indem Sie das Gelesene wie einen Film miterleben.
Um noch schneller lesen zu können, gibt es Leseübungen, die die Lesegeschwindigkeit erhöhen.
- Springen Sie mit den Augen schneller über einen Text!
- Erweitern Sie Ihre Blickspanne!

Ott, E.: Optimales Lesen
Dittrich, H.: Besser lesen, verstehen, behalten!
Beyer, G.: Rationelles Lesen leicht gemacht

☐ Mind-Mapping

Ich verstehe aber unter Geist die Kraft der Seele, welche denkt und Vorstellungen bildet. (Aristoteles)

Mind-Mapping ist eine Lernmethode, bei der alle auftauchenden Gedanken bzw. **Schlüsselbegriffe** zu einem Thema aufgeschrieben und bildhaft dargestellt werden.
Die Darstellungen erfolgen jedoch nicht linear untereinander oder nebeneinander, sondern werden in einen Zusammenhang gebracht.

Dadurch sind wieder beide Gehirnhälften an der Lernarbeit beteiligt.

Wichtig ist dabei, daß das zentrale Thema in der Mitte des Blattes erscheint und die Hauptgedanken strahlenförmig davon ausgehen. Wie bei einem Baum können sich die Äste immer weiter verzweigen.

Damit die Darstellung übersichtlich bleibt, sollten die Schlüsselwörter nur Hauptwörter sein und in lesbarer Druckschrift geschrieben werden.

Mind-Mapping zum Thema Lernen:

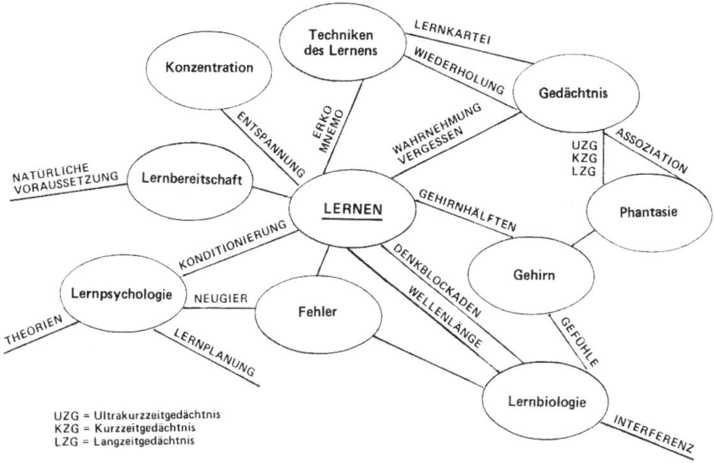

Verwenden Sie unterschiedliche Farben und Symbole, kreisen Sie zusammengehörende Gedanken ein, und stellen Sie Beziehungen durch Pfeile dar.

Gedanken, die Sie nicht zuordnen können, schreiben Sie zunächst auf einen Ideenzettel.

Svantesson, I.: Mindmapping und Gedächtnistraining

Motivation ☐

Lust und Liebe sind die Fittiche zu großen Taten. (Goethe, Iphigenie)

Die Motivation, etwas zu ändern, ergibt sich aus:
- der Liebe zu einer Sache
- der Unzufriedenheit mit der jetzigen Situation
- einer konkreten Vorstellung von der Zukunft
- dem Glauben an die Machbarkeit des ersten Schrittes

☐ Motivation

Je größer die Motivation, desto größer der Lernerfolg!

Motivation verstärkt sich:
- durch Faszination
- durch unmittelbare Erfolgserlebnisse
- durch den natürlichen Wunsch, etwas zu vollenden
- durch wichtige persönliche Ziele
- durch die Möglichkeit, etwas in Beziehung zu setzen
- durch Lust am Probieren
- durch Abwechslung
- durch Neues und Aktuelles
- durch Lob, Anerkennung und Zuwendung
- durch Ermunterung, Fragen zu stellen
- durch anschauliche, verständliche Stoffdarbietung
- durch einen Lernstoff, der einen positiven Inhalt, eine positive Verpackung hat oder positive Assoziationen ermöglicht
- durch positive Gruppengefühle
- durch einen sympathischen Lehrer
- durch einen humorvollen Unterricht

Motivation und Lernerfolg verstärken sich gegenseitig.

☐ ○ Namengedächtnis

Ein Mensch, der sich von Gott und Welt mit einem andern unterhält, muß dabei rasch erlahmen: vergessen hat er alle Namen. Wer war's denn gleich, Sie wissen doch… der Dings, naja, wie hieß er noch, der damals, gegen Ostern ging's, in Dings gewesen mit dem Dings? (Eugen Roth)

Damit es Ihnen nicht so geht wie diesem Menschen, hier ein paar Tips:

- Hören Sie genau hin!
- Lassen Sie sich den Namen buchstabieren!
- Sprechen Sie die Person im Laufe des Gespräches wiederholt mit Ihrem Namen an!
- Stellen Sie sich vor, wie Sie den Namen mit Kreide an eine Tafel schreiben!
- Phantasie ist wichtig!
  Stellen Sie sich Herrn Müller z. B. in einer Mühle beim Mahlen des Korns vor.
  Herr Hof sitzt in einem Burghof, umgeben von jungen, schönen Hofdamen.
- Bauen Sie Eselsbrücken!
  Frau Böing geht spazieren, wird von einer großen Windböe erfaßt und fliegt wie die Boeing 707.
  Frau Bühler steht unter einem Baum mit reifen Bühler Zwetschgen.

- Reimen Sie!
  Frau Reisch, die kreischt.
  Herr Läubl fängt ein Täub'l.
- Gibt es den Namen öfter wie z. B. Schmidt, dann machen Sie ein »Gruppenfoto«. Stellen Sie sich alle Personen mit dem Namen Schmidt gemeinsam vor.
- Schreiben Sie sobald wie möglich den Namen auf!
- Denken Sie vor dem Einschlafen noch einmal an die neuen Gesichter und Namen!
- Legen Sie eine Namenkartei an!
  Auf die Karteikarte schreiben Sie zusätzlich Adresse, Beruf, Familienmerkmale, Hobbys, Gemeinsamkeiten mit Ihnen oder starke Unterschiede, Tag und Ort des Kennenlernens.

□ ○ Namengedächtnis

- Haben Sie beim Erinnern Schwierigkeiten, gehen Sie in Gedanken das Alphabet durch. Stellen Sie sich Detailfragen! Wenn Ihnen der Name nicht einfallen will:
- Nennen Sie Ihren eigenen Namen; das veranlaßt den anderen in 90% der Fälle, seinen Namen zu nennen.

Reichel, G.: Der sichere Weg zum phänomenalen Gedächtnis

□ Netzwerk des Lernens

Um wirklich glücklich zu sein, brauchen wir etwas, wofür wir uns begeistern können. (Ch. Kingsley)

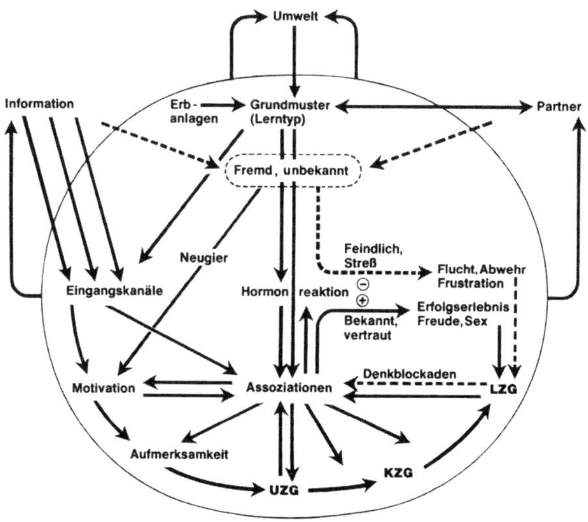

Dieses Lernnetzwerk, das Frederic Vester in seinem Buch »Denken, Lernen, Vergessen« entwickelt, wirkt vielleicht beim ersten Hinschauen etwas verwirrend.

Wenn Sie jedoch in der Mitte oben mit der Betrachtung beginnen, also mit dem Grundmuster, dem Lerntyp eines Schülers, so werden die Zusammenhänge schnell deutlich. Die Art des Lerntyps ist bedingt durch Erbanlagen und Umwelt und steht beim Lernen immer in Beziehung zu einem Partner, sei es nun ein Lehrer oder ein Lehrbuch. Informationen, die von außen kommen und bekannt und vertraut erscheinen, werden sofort über verschiedene Eingangskanäle aufgenommen und gelangen bei entsprechender Motivation und Aufmerksamkeit mit Hilfe von positiven Assoziationen über das Ultrakurzzeitgedächtnis und Kurzzeitgedächtnis ins Langzeitgedächtnis.
Informationen, die zunächst fremd sind, können einerseits Neugier auslösen und damit Motivation erzeugen, sich dem Lernstoff zuzuwenden, oder lösen im Körper Streßalarm aus. Die Hormone Adrenalin und Noradrenalin kommen ins Spiel mit der Folge von Flucht, Abwehr, Frustration und Denkblockaden.

Vester, F.: Denken, Lernen, Vergessen

Neugier ○

Das Schönste, was wir erleben können, ist das Geheimnisvolle.
Es ist das Grundgefühl, das an der Wiege von wahrer Kunst und Wissenschaft steht.
Wer es nicht kennt und sich nicht mehr wundern, nicht mehr staunen kann, der ist sozusagen tot und sein Auge erloschen. (Albert Einstein)

Machen Sie neugierig!

Neugierde ist der wichtigste Naturtrieb, der die innere Abwehr vor allem Neuen überwindet. (Frederic Vester)

So wie jedes Tier vor etwas Fremdem, Neuem zunächst zurückschreckt oder aggressiv reagiert, um zu überleben, so ist auch beim

○ Neugier

Menschen dieses Verhalten einprogrammiert, und ein unbekannter, fremder Lernstoff oder neue Begriffe wirken zuerst einmal feindlich und erzeugen Abwehr und Frustration.

Ohne Neugier wird sich jeder Schüler von allem Fremden ängstlich abwenden, er wird kein Interesse zeigen, Neues zu lernen.

Neugier baut Angst und Hemmungen ab, die immer der Begeisterung entgegenwirken.

□ ○ Notizen

Gut notiert ist halb gelernt!

Machen Sie Notizen!

- Notizen erhöhen die Konzentrationsfähigkeit.
  Wenn Sie jedoch zuviel mitschreiben, können Sie sich nicht mehr auf den Unterricht konzentrieren, und es geht Stoff verloren.
  Schreiben Sie nur Stichpunkte oder wenige kurze Sätze, die wie »Aufhänger« wirken und wichtige Überbegriffe, Hinweise und Zusammenhänge festhalten. Später wird Ihnen beim Durchlesen vieles wieder einfallen, was der Dozent gesagt hat.
- Notizen vermeiden Ablenkung.
  Wenn Sie Notizen machen, bleiben Sie beim Thema und werden nicht so leicht durch Ihren Nachbarn oder durch irgendwelche Gedanken abgelenkt.

- Notizen machen anschaulich, wenn sie durch Beispiele, kleine Skizzen usw. ergänzt werden.
- Notizen führen zu einem mehrkanaligen Lernen: Hören und Sehen werden durch Handeln ergänzt.

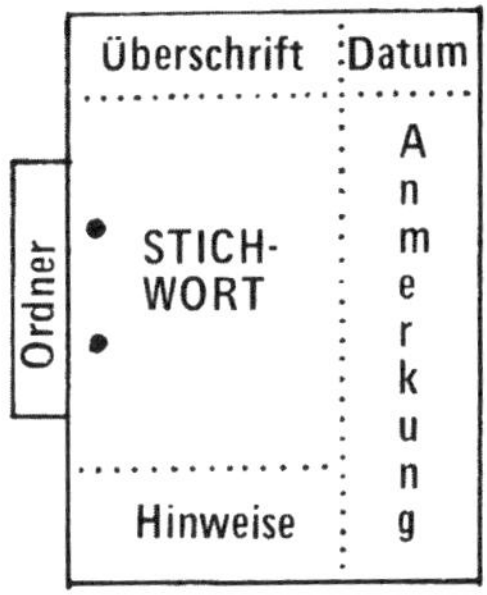

Machen Sie Notizen = Stichwortzettel zu Büchern
Machen Sie Notizen = Stichwortzettel für freie Reden
Machen Sie Notizen = Stichwortzettel zu verschiedenen Themen

Tips:

- Notizen müssen kurz (in Stichworten) und verständlich sein!
- Notizzettel sollten nur auf einer Seite beschriftet werden!
- Notizzettel brauchen einen Rand für Ergänzungen!
- Notizzettel sollten leicht lesbar sein!
- Notizzettel sollten nicht herumfliegen!
- Notizzettel sind wirkungsvoll an der Pinnwand, in einer Kartei oder in einem Ordner.
- Wichtige Notizen sollten mit Überschriften und Datum versehen werden.
- Erledigte oder unwichtig gewordene Notizen sollten bis zum Jahresende in einem Kasten gesammelt werden, in den Sie immer wieder hineinschauen können, wenn es mal nicht richtig weitergeht.
  Sie sehen dann deutlich, wieviel Sie in einem Jahr erledigt haben und welche Dinge Sie schon geschafft haben. Bei einem Durchschauen nach längerer Zeit kommen vielleicht auch neue Ideen.

Leitner, S.: So lernt man lernen

☐ Oberbegriffe

Gebraucht der Zeit, die geht so schnell von hinnen, doch Ordnung lehrt euch Zeit gewinnen. (Goethe, Faust)

Oberbegriffe erleichtern das Lernen!

Beispiel:
Schauen Sie sich die nachstehenden Wörter ca. 20 Sekunden an.

Elefant	Eiche	Rettich	Schuhe
Butter	Walroß	Hut	Birke
Ahorn	Mantel	Milch	Möhre
Bluse	Brot	Sehund	Zwiebel

Decken Sie die Begriffe ab und schreiben Sie auf, was Sie noch wissen.

Nun machen Sie bitte noch einen zweiten Versuch.
Merken Sie sich folgende Wörter wiederum in ca. 20 Sekunden.

Frosch	Rathaus	England	Sessel
Schlange	Post	Belgien	Bett
Krokodil	Bahnhof	Frankreich	Schrank
Eidechse	Finanzamt	Ungarn	Tisch

Decken Sie wieder die Begriffe ab und schreiben Sie auf, was Sie sich merken konnten.

Wahrscheinlich ist das Ergebnis des zweiten Versuchs besser ausgefallen. Durch das Ordnen nach Oberbegriffen ging das Lernen wesentlich leichter.

Ordnen Sie folgende Blumen nach mehreren Gesichtspunkten, d. h. Oberbegriffen:

Schneeglöckchen, Veilchen, Sonnenblume, Flieder, Ginster, Edelweiß, Tränendes Herz, Mohnblume, Kornblume, Kamille, Rittersporn, Erika, Enzian

Intelligenz ist die Fähigkeit, sich in einer neuen Situation zurechtzufinden, die Umweltfaktoren zu ordnen und in Beziehung zu setzen.

Ort des Lernens □

Der lernt gerne, wer schon zuvor weiß, daß er wieder erfolgreich sein wird.

Arbeitsplatz und Lernplatz können verschieden sein

Der **Arbeitsplatz,** an dem neuer Lernstoff erarbeitet wird, sollte möglichst immer derselbe sein. Dadurch stellt sich ein Gewohnheitseffekt ein und der Körper stellt sich automatisch auf das Lernen ein, sobald Sie sich an diesen Platz begeben.

Der **Lernplatz** ist der Ort, an dem bereits erarbeiteter, verstandener Lernstoff wiederholt wird und z. B. Vokabeln auswendig gelernt werden.
Dieser Lernplatz sollte so angenehm wie möglich und nur mit positiven Vorstellungen verbunden sein, damit diese positive Einstellung sich auf das Lernen überträgt.

☐ Ort des Lernens

Je wohler Sie sich fühlen, um so entspannter sind Sie und um so leichter fällt dementsprechend das Lernen.

Denken Sie daran: **Jeder Mensch lernt anders!**

Während der eine sich beim Lernen in einen bequemen Sessel kuschelt oder sich ins Bett legt, sitzt ein anderer beim Lernen lieber auf dem Fußboden oder auf der Toilette.

Wichtig ist, daß jeder so lernt, wie es für ihn richtig ist und nicht wie »man« das macht.

☐ ○ Parallel-Lernen

Die Gaben der Natur und des Glücks sind nicht so selten wie die Kunst, sie zu genießen. (Vauvenargues)

Lernen und genießen Sie!

Unter dem Stichwort Konzentration hieß es, niemand könne gleichzeitig auf zwei Hochzeiten tanzen, und nun ist die Rede vom Parallel-Lernen. Das scheint ein Widerspruch zu sein. Beim näheren Betrachten geht es auch hier um die Konzentration auf eine Sache, während die zweite Geschichte mehr oder weniger unbewußt aufgenommen wird.

Parallel-Lernen bedeutet: Sie werden zwei Dinge gleichzeitig tun!
Die erste Information läuft über das Bewußtsein zur linken Gehirnhälfte. Die zweite Information läuft über das Unterbewußtsein zur rechten Gehirnhälfte.
Parallel-Lernen eignet sich besonders für das Sprachenlernen, aber auch für die Aufnahme von Informationen aus anderen Wissensgebieten.

Sie brauchen einen Kassettenrecorder mit einem Kopfhörer, der es gestattet, die Geräusche des Raumes gleichzeitig aufzunehmen, und eine Tonkassette mit Lerninformationen.
Sie schauen z. B. einen spannenden Krimi im Fernsehen, der Ihre ganze Aufmerksamkeit in Anspruch nimmt.
Gleichzeitig läuft leise die Kassette mit den Lerninformationen über den einen Kopfhörer.

Wichtig ist, daß Sie auf keinen Fall versuchen, die Lerninformationen im Hintergrund bewußt wahrzunehmen.
Sie lernen, ohne es zu merken!
Wenn Sie dann im Anschluß die Kassette noch einmal bewußt hören, kommt Ihnen der Text vertraut, bekannt vor und wird nun als Wiederholung empfunden. Sie können so z. B. intensiv und voll konzentriert Physik- oder Mathematikprobleme lösen, während Sie leise im Hintergrund z. B. Englischvokabeln hören.
Parallel-Lernen ist gehirn-gerecht und erweitert Ihre Fähigkeiten.
Außerdem hat es als Nebeneffekt zur Folge, daß Ihr Konzentrationsvermögen stark zunimmt und Sie auch bei anderen Gelegenheiten besser bei der Sache bleiben können.
Wenn Sie jedoch zu den Menschen gehören, die sich bei dieser Lernmethode nicht wohlfühlen, sondern eher nervös werden, lassen Sie es und probieren Sie eine andere Lernmethode aus.

Birkenbihl, V.: Stroh im Kopf?

○ Pausen

Man verliert die meiste Zeit damit, daß man Zeit gewinnen will.
(J. Steinbeck)

Machen Sie rechtzeitig regelmäßig richtig Pausen!

Auch wenn Sie nicht lernen, lernen Sie!
Natürlich nur, wenn Sie den Lernstoff vorher durchgearbeitet haben. Ihr Gehirn braucht Zeit für die Herstellung von Assoziationen, für die richtige »Einordnung« der aufgenommenen Informationen und Speicherung.

Planen Sie Pausen in Ihre Lernzeit mit ein!

10–30% der Arbeitszeit sollten die Pausen ausmachen.

Pausenschema:

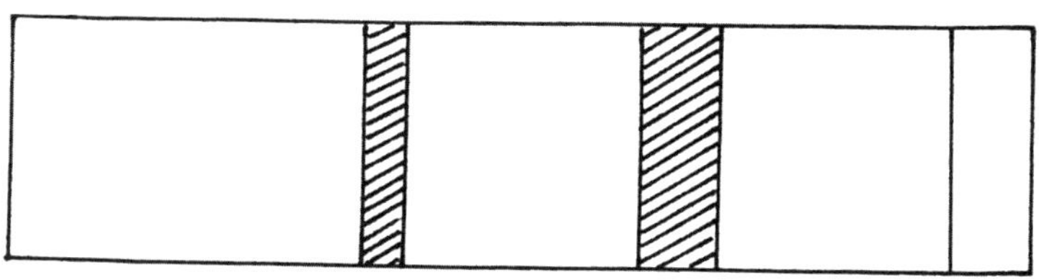

Lernzeit 45 Min.	Pause 5 Min.	Lernzeit 30 Min.	Pause 10 Min.	Lernzeit 30 Min.	Ende

Pausen erhöhen die Gesamtleistung!

Machen Sie die Pausen bereits dann, wenn Sie noch lernfähig sind, nicht erst, wenn Sie total erschöpft sind.

Wenn Sie eine lange Reise vor sich haben, dann warten Sie doch auch nicht, bis Ihr Auto irgendwo stehenbleibt, laufen zur nächsten Tankstelle, um neues Benzin zu holen, sondern Sie tanken bereits, wenn noch einige Liter zur Verfügung stehen, damit die Fahrt dann zügig weitergehen kann.

Der Gewinn zeigt sich nicht nur in Form von Mehrleistung infolge Erholungswirkung, sondern die Einplanung einer Pause beeinflußt die vorausgehende Arbeitsleistung merklich positiv.

📖 Keller, G.: Lernen will gelernt sein!
Endres, W.: So macht Lernen Spaß

◯ Pausen

Eine Stunde in Ruhe nachdenken, bringt oft mehr ein als ein ganzer Tag harter Arbeit.

Gestalten Sie Ihre Pausen sinnvoll!
Eine richtige Pausengestaltung bringt neue Energie!

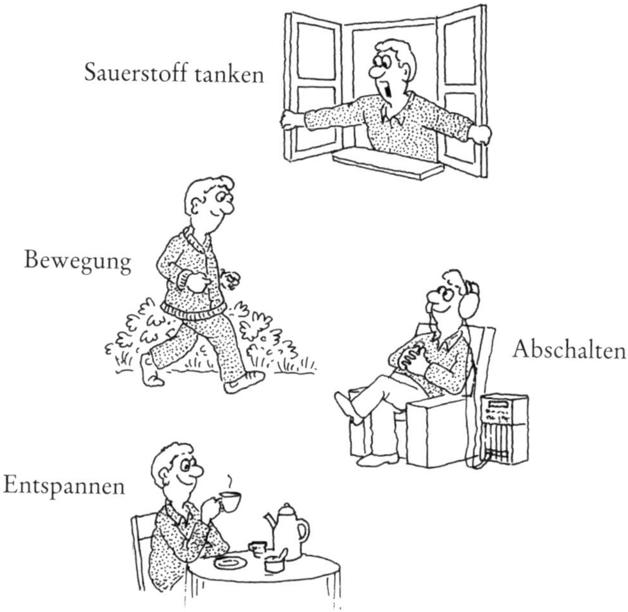

Wer nur Wissen aufnimmt und damit sein Hirn als ausgelastet betrachtet, beweist nur, daß er davon zu wenig hat.

Machen Sie öfter kurze (1–2 Min.) »Umschaltpausen«!
Die Speicherung des Lernstoffes ist nicht abgeschlossen, wenn Sie das Buch zuklappen.

Lassen Sie Ihrem Gehirn Zeit, die Informationen sicher und richtig einzuordnen, damit Sie sie später zu jeder Zeit problemlos abrufen können.

Phantasie ist wichtiger als Wissen. (Albert Einstein)

Lernen Sie in Bildern

Pflanzen und Tiere der Evolutionsepochen:

Quartär: Ein Mensch reitet auf einem Mammut durch eine Ebene mit Quark.
Teritiär: Ein Thermometer ist umrankt mit Blütenpflanzen.
Kreide: Saurier fressen Kreide und fallen um.
Jura: Der Urvogel in einer Richterrobe in einem Gerichtssaal voller Saurier. An den Wänden hängen Schachteln mit Schachtelhalm.
Trias: Kleine Säugetiere spielen in einem Wald von Nacktsamern Triangel.
Perm: Die ersten Saurier brauchen einen Personalausweis.
Karbon: In riesigen Wäldern fressen die ersten Kriechtiere verkohlte Kartoffeln.
Devon: Demütig verbeugen sich die ersten Landpflanzen vor den Quastenflossern.
Silur: Eine Sirene heult, während Panzerfische aufmarschieren und blutrote Korallen am Straßenrand liegen.
Ordovizium: Die ersten Wirbeltiere tragen viele Orden.
Kambrium: Trilobiten werden mit einem Schwamm abgewaschen, mit Ringelwürmern geschmückt und in eine Kammer gesperrt, deren Boden mit Algen bedeckt ist.

○ **Phantasie**

Der Mensch ist zum Handeln geboren, nicht zum Grübeln. (Rousseau)

Trainieren Sie Ihre Phantasie!

Phantasietraining ist Gedächtnistraining, ist Lerntraining, ist Entspannung.

Unternehmen Sie eine Phantasiereise:
Wie durch Zauberhand sind Sie plötzlich in einer mittelalterlichen Stadt.
Gerade sind Sie durch eines der großen eisernen Stadttore gegangen und nun spazieren Sie über holpriges Kopfsteinpflaster, an schmucken alten Fachwerkhäusern vorbei. Die Straße biegt nach etwa 300 Metern rechts ab und Sie befinden sich auf dem Rathausplatz. Ein aus Sandsteinen gebauter Brunnen mit einem riesigen Löwenkopf, aus dem das Wasser sprudelt, läßt Sie innehalten. Sie setzen sich auf den Rand des Brunnens und kühlen Ihre Hände in dem klaren Wasser.
Ihr Blick fällt auf das Rathaus, an dessen Fenstern Blumenkästen mit leuchtend roten Geranien hängen. Die Äste der uralten Eiche neben dem Eingang berühren fast das Dach mit dem kupfernen kleinen Glockenturm. Sie spüren die warmen Sonnenstrahlen auf Ihrem Gesicht und fühlen sich rundherum wohl und zufrieden. Sie sind ganz ruhig und entspannt!
Die Turmuhr schlägt elf. Froh und heiter setzen Sie Ihren Weg durch diese zauberhafte Stadt fort und freuen sich schon auf das gemeinsame Mittagessen mit Ihren Freunden im alten Ratskeller.

Nach dem Ende der Phantasiereise wird tief durchgeatmet, die Hände werden zu Fäusten geballt und die Arme gestreckt und gereckt, um wieder vollkommen wach und im Hier und Jetzt zu sein.

Für einen Menschen mit einer starken Vorstellungskraft gibt es kein Vergessen!

Müller, E.: Du spürst unter deinen Füßen das Gras
Birkenbihl, V.: Stroh im Kopf?

Phantasie ○

Ein Bild sagt mehr als tausend Worte! (Chinesische Weisheit)

Üben Sie sich in einer bilderreichen Sprache!

Je anschaulicher die Sprache ist, desto verständlicher und lernverstärkender ist sie.
Die Phantasie wird gefördert und damit die rechte Hirnhälfte eingesetzt. Das hat eine Erhöhung der Lernfähigkeit und der Konzentration zur Folge.

Beispiel: Versuchen Sie, die folgenden Sätze mit bildhaften Vergleichen zu ergänzen.

1. Ihre Augen waren so blau wie ....
2. Er war so dünn wie ....
3. Sie benahm sich so unausstehlich, daß man sie .... nannte.
4. Das Kleid im Schaufenster war so bunt wie ....
5. Als sie aus der Sauna kamen, waren sie so durstig wie ....
6. Die Mädchen machten ihn zum Mittelpunkt der Party, und er fühlte sich wie ....
7. Während der Auseinandersetzung wurde ihr Ton so .... wie ....
8. Es war höchste Zeit, daß er verschwand, der Boden ....
9. Wieder einmal sagte er genau das Richtige, er traf ....
10. Endlich hatter er es kapiert, der ....

Lösung:

1. ... der Himmel an einem sonnigen Frühlingstag
2. ... eine Bohnenstange
3. ... Kratzbürste
4. ... eine Blumenwiese an einem heiteren Sommertag
5. ... ein Kamel
6. ... der Hahn im Korb
7. ... scharf wie eine Rasierklinge
8. ... brannte unter seinen Füßen
9. ... den Nagel auf den Kopf
10. ... Groschen war gefallen

○ Planung des Lernens

Die Straße des geringsten Widerstandes ist nur am Anfang asphaltiert.
(H. Kasper)

Verschaffen Sie sich einen Überblick!

Bevor Sie mit der eigentlichen Lernplanung beginnen, verschaffen Sie sich einen Überblick!

<ins>Schriftlich!</ins>

Was wollen Sie lernen?
Wieviel Zeit haben Sie für den Lernstoff?
Wann haben Sie Zeit?
Wie ist der Lernstoff aufgebaut?
Was wissen Sie bereits?
Welche Bücher brauchen Sie?
Wo können Sie Informationen und evtl. Hilfe bekommen?

Schritt für Schritt
Vom Bekannten zum Unbekannten
Vom Leichten zum Schwierigen
Vom Knappen zum Umfangreichen
Vom Einfachen zum Komplexen
Vom Langsamen zum Schnellen
Vom Sichtbaren zum Unsichtbaren
(nach Anaxagoras)

📖 Sawizki, E. R.: Lernvergnügen
Keller, G.: Lernen will gelernt sein!

5 × 10 Minuten ist mehr als 1 × 1 Stunde!

Machen Sie kleine »Appetithäppchen«

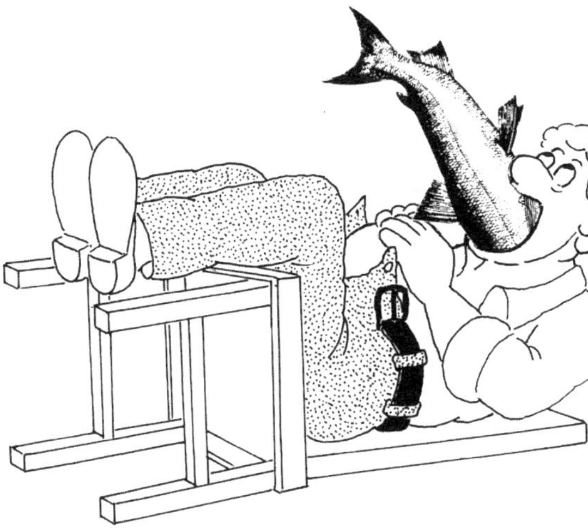

und versuchen Sie nicht, den ganzen Lachs auf einmal zu essen!

Teilen Sie den Lernstoff auf und verteilen Sie das Lernen!

Kleine Lerneinheiten verschaffen Erfolgserlebnisse! Sie wissen, das ist zu schaffen. Die Lust am Lernen wächst. Es entstehen kein Druck und keine Ermüdung!

Sawizki, E. R.: Lernvergnügen
Keller, G.: Lernen will gelernt sein!

◯ Planung des Lernens

Der kluge Mann (die kluge Frau) baut vor!

Stellen Sie einen Lernplan auf!

Ein Lernplan schafft:
- Freizeit ohne Reue
- mehr Sicherheit
- mehr Entspannung
- mehr Freude am Lernen

LERNKALENDER				
	1.	2.	3.	4.
Mo				
Di				
Mi				
Do				
Fr				

Erstens kommt es anders und zweitens als man denkt...

Planen Sie deshalb »Pufferzonen« mit ein, d. h. Zeiten, für die Sie sich vornehmen, nicht zu lernen.

TAGESPLAN
8–9
9–10
10–11
11–12
12–13
13–14
14–15
15–16
16–17
17–18

WOCHENPLAN					
Mo	Di	Mi	Do	Fr	Sa

Gehen Sie die Treppe zum Erfolg Stufe für Stufe, und versuchen Sie es nicht mit einem einzigen Sprung.

Sawizki, E. R.: Lernvergnügen
Keller, G.: Lernen will gelernt sein!

Das Wichtige bedenkt man nie genug. (Goethe)

Ordnen Sie Ihre Aufgaben nach der Wichtigkeit!

Setzen Sie Prioritäten!

Wenn Sie versuchen, zuviel auf einmal zu tun, besteht die Gefahr, daß Sie sich verzetteln und schließlich nichts fertiggebracht haben.

Widmen Sie sich während einer bestimmten Zeit nur einer einzigen Aufgabe konzentriert, konsequent und zielbewußt.

Machen Sie sich Gedanken darüber, welche Aufgaben erstrangig und welche zweitrangig sind, d. h. ordnen Sie nach der Dringlichkeit.

Machen Sie einen Tagesplan! – Schriftlich!

Kreuzen Sie wichtige Aufgaben an!
Dabei können Sie verschiedene Farben verwenden:

Rot	=	sehr wichtig	=	A-Aufgaben
Blau	=	wichtig	=	B-Aufgaben
Gelb	=	nicht so eilig	=	C-Aufgaben

Versuchen Sie, Ihren Plan einzuhalten.

Alles, was Sie erledigt haben, wird durchgestrichen!
Nicht erledigte Aufgaben werden in den morgigen Plan übertragen.

Graichen, W. U./Seiwert L. J.: Das ABC der Arbeitsfreude

○ Problemlösung

Probleme sind dazu da, um gelöst zu werden!

Lösen Sie den Knoten mit Verstand!

Was machen Sie, wenn Sie ein Problem haben?
Denken Sie so lange darüber nach, bis Ihnen irgend etwas einfällt?
Geben Sie manchmal frustriert auf, weil Ihnen kein Lösungsweg in den Kopf kommen will?
Werfen Sie die Flinte nicht ins Korn!
Bewahren Sie Ruhe und gehen Sie systematisch daran, eine Lösung zu finden.

Machen Sie eine Situationsanalyse (schriftlich!):

- Wie sieht die jetzige Situation aus? – Was ist gegeben?
- Worin besteht das Problem? Was fehlt mir?

Denken Sie laut!

Stellen Sie Detailfragen!

Machen Sie »Brainstorming« mit sich allein. Lassen Sie alle Einfälle gelten, auch die, die Ihnen zunächst absurd erscheinen.

Schreiben Sie alle Ideen zur Lösung auf einzelne Zettel.

Mischen Sie anschließend Ihre Ideenzettel, und legen Sie jeweils zwei aufgedeckt vor sich hin. Diese neuen Kombinationen regen Ihr Gehirn zu weiteren Gedanken an.

Wir suchen die Wahrheit. Finden wollen wir sie aber nur dort, wo sie uns behagt. (Ebner-Eschenbach)

Machen Sie eine kreative Pause!
Während Sie sich entspannen, vollkommen abschalten, d. h. Ihr Bewußtsein in dieser Angelegenheit ausschalten, arbeitet Ihr Unterbewußtsein, Ihre rechte Hirnhälfte weiter.
Sie merken das daran, daß Ihnen plötzlich in ganz anderem Zusammenhang und in völlig neuen Situationen Ideen zu Ihrem Problem einfallen. Manchmal liegt Ihnen ein Wort »auf der Zunge«. Sie wissen es, können es jedoch nicht benennen. Minuten, Stunden und manchmal sogar Tage später fällt es Ihnen ein. Ihr Gehirn hat selbständig an dem Problem weitergearbeitet, während Sie sich mit ganz anderen Dingen beschäftigt haben.

Wichtig ist, daß Sie immer Stift und Papier oder ein Diktiergerät zur Hand haben, um die neuen Gedanken festzuhalten.

Achten Sie darauf, daß »Killerphrasen« Ihre Arbeit nicht behindern oder unmöglich machen.
Killerphrasen können sein:
»Das geht doch nicht!«
»Das war immer so, das kann nicht anders sein!«

Birkenbihl, V.: Mechanismen des Unbewußten bewußt nutzen
Stroh im Kopf?

○ Prüfung

Drum prüfet, was hier wird gefragt, damit ihr es auch richtig sagt!

Keine Chance dem Prüfungsstreß!

Machen Sie sich ganz bewußt, was Sie alles können!
Lesen Sie erst alle Aufgaben von Anfang bis Ende durch!
Fragen Sie sich immer wieder: »Was ist gefragt?«

Sagen Sie sich: »Ich schaffe das!«

Die Dinge haben nur den Wert, den wir ihnen beimessen!

Regeln gegen den Prüfungsstreß:
- Je besser Sie vorbereitet sind, desto gelassener sind Sie (desto ruhiger ist Ihr Gewissen)!
- Nicht die ganze Zeit vor der Prüfung darf verplant werden (im Alltag kommt manches anders als man denkt!).

- Bei der Lernplanung sind Wiederholungszeiten zu berücksichtigen.
- Ein Stoffaufbau ist wichtig.
- Kurze, prägnante Zusammenfassungen erleichtern das Lernen.
- Kurz vor der Prüfung sollte kein neuer Stoff mehr gelernt werden.
- Gedächtnistechniken sind eine große Hilfe.
- Versuchen Sie ein Gespräch mit Prüflingen zu führen, die es bereits gut geschafft haben.
- Streben Sie an, was Sie vermeiden wollen.
  Begeben Sie sich öfter in Prüfungssituationen und spielen Sie Prüfungssituationen zu Hause durch.
- Sagen Sie nicht: Hoffentlich schaffe ich das. Sagen Sie: Ich schaffe das!
- Gönnen Sie sich schöpferische Pausen.
- Lesen Sie bei der Prüfung erst alle Fragen in Ruhe durch.
- Halten Sie sich bei der schriftlichen Prüfung nicht mit schwierigen Fragen auf. Lassen Sie diese bis zum Schluß.
- Beantworten Sie in der mündlichen Prüfung die Fragen kurz und präzise (es sei denn, der Prüfer erwartet einen Vortrag).
- Geben Sie nicht nur Detailwissen von sich, sondern zeigen Sie, daß Sie den Zusammenhang verstanden haben.
- Stellen Sie sich vor, Sie würden den Stoff einem Freund erklären, der keine Ahnung hat.
- Wenn Sie unsicher sind, ob Ihre Antwort richtig ist, entscheiden Sie sich, ob Sie sie überhaupt geben sollten.
  Wenn Sie antworten, dann überzeugt davon, daß die Antwort richtig ist. Fragende oder »glaubende« Antworten machen den Eindruck des Nichtwissens.
- Wenn Sie etwas nicht wissen, reden Sie nicht um den heißen Brei herum, sondern geben Sie es ehrlich zu.
- Nehmen Sie auch in die mündliche Prüfung Papier und Bleistift mit. Vielleicht fehlen Ihnen die richtigen Worte, dann können Sie schnell eine Skizze machen.
- Senken Sie Ihren Adrenalinspiegel, indem Sie sich vor der Prüfung körperlich bewegen, z. B. einmal um den Häuserblock laufen, Kniebeugen machen oder Entspannungsübungen.
  Holen Sie tief Luft – »ohm – maa – ha« (→ Entspannung)!

◯ Rechtschreibhilfen

Schwächen schaden uns nicht mehr, sobald wir sie erkannt haben.

Rechtschreibfehler kann man vermeiden!

Um in der Rechtschreibung sicherer zu werden, gibt es mehrere Möglichkeiten:

- Machen Sie eine Fehlerstatistik.
  Für jeden Fehler wird je nach Fehlerart ein Strich gemacht, um schnell herauszufinden, wo die Probleme liegen.

FEHLERSTATISTIK	
Flüchtigkeitsfehler	~~IIII~~ IIII
Rechtschreibfehler	~~IIII~~ ~~IIII~~ ~~IIII~~ III
Grammatikfehler	~~IIII~~ I
Falsche Trennung	II
Satzzeichen	~~IIII~~ ~~IIII~~ ~~IIII~~ ~~IIII~~ II
Ausdruck	III
Sonstige	IIII

RECHTSCHREIBFEHLER	
Fehler bei »ss« u. »ß«	IIII
e statt ä	I
ei statt ai	II
v statt f	I
b statt p	IIII
Dehnungs-H	~~IIII~~ III
Groß- u. Kleinschreibung	~~IIII~~ I

- Übungsdiktate sollten kurz und schwer sein, anstatt leicht und lang, denn es geht doch darum, Schwächen zu erkennen und anschließend zu beheben.
- Fehler werden nicht unterstrichen (schon gar nicht in Rot), denn alles, was unterstrichen ist, prägt sich besser ein, und das falsch geschriebene Wort soll ja nicht gespeichert werden.
- Falsch geschriebene Wörter werden am besten mit einem dicken Filzstift unkenntlich gemacht oder überklebt und durch richtig geschriebene Wörter ersetzt.
- Bei Diktaten sollte möglichst sofort korrigiert werden.
- Lückentexte sind eine sinnvolle Ergänzung des Diktats.

Keller, G.: Lernen will gelernt sein!
Endres, W.: So macht Lernen Spaß

Wer nicht kleine Fehler vermeidet, verfällt allgemein in größere.
(Th. a Kempis)

Vertreiben Sie den Fehlerteufel mit Phantasie!

Setzen Sie, auch wenn es um die Rechtschreibung geht, Ihre rechte Gehirnhälfte ein.
Sie trainieren zunächst Ihre Vorstellungskraft, indem Sie zu jedem Buchstaben des Alphabets ein passendes Bild »malen«.

Beispiel:	A = Affe	J = Jäger	S = Sonne
	B = Brille	K = Kamel	T = Torte
	C = Cola	L = Lasso	U = Ufo
	D = Dach	M = Mond	V = Vase
	E = Esel	N = Nixe	W = Welle
	F = Fahne	O = Ofen	X = Hexe
	G = Gitarre	P = Pilz	Y = Yacht
	H = Hut	Q = Qualle	Z = Zelt
	I = Igel	R = Rose	

Wenn Sie immer wieder bei einem Wort überlegen müssen, wie es geschrieben wird, ob z.B. »Akkordeon« mit »kk« oder mit »ck« geschrieben wird, dann stellen Sie sich ein Akkordeon vor, das zwischen zwei Kamelen hängt.

○ Rechtschreibhilfen

Wenn Sie überlegen wie »Trawler« geschrieben wird, dann genügt es in Zukunft, sich einen Affen vorzustellen, der von einer großen Welle überspült wird, um das Wort richtig mit »aw« zu schreiben.
Vor allem Kindern macht dieses Phantasiespiel sehr viel Spaß. Jedoch auch Erwachsene können mit Phantasie den Fehlerteufel besiegen und gleichzeitig ihre rechte Gehirnhälfte trainieren.

📖 Beyer, G.: So lernen Schüler leichter

Wer sich nicht selbst helfen will, dem kann niemand helfen. (Pestalozzi)

Eine weitere Möglichkeit, Fehler zu vermeiden, besteht darin, neue schwierige Wörter mit bekannten Wörtern zu verbinden:

Beispiel:
I <u>laid</u> the <u>maid</u> onto the green floor,
then I <u>lay</u> myself onto the <u>hay</u>
and I never <u>denied</u> that this is all <u>lied</u>

Durch die Verbindung von zwei gleich klingenden Wörtern wird die Schreibweise ganz deutlich.
Damit in diesem Fall die englischen Wörter
to lay, laid, laid = legen
to lie, lay, lain = liegen
to lie, lied, lied = lügen
nicht verwechselt werden, stehen sie sich in der »Geschichte« gegenüber.
Für die Rechtschreibung allgemein gilt:

- <u>schwierige Wörter mit bekannten Wörtern in einem Satz verbinden</u>
- Wörter, die leicht zu Verwechslungen führen, in eine Geschichte packen

Beispiele:
Meine Schwester Josefine arbeitet in der Kantine.
Alle Linien eines Zebrastreifens laufen parallel.
Die Vase hat ein großes Volumen.
In der Philharmonie sitzen die Leute nach dem Alphabet.
Mein Bruder Christian liebt das Orchester.

Geschichten mit »ai«:
Rainer Kaiser ist das Waisenkind, das am Main lebt und oft am Wegrain spazierengeht und Gitarre spielt. Das Faible für Saiteninstrumente hat er vom Großvater Kai, der ebenso wie Rainer gern im Main angelte und in der Saison, im Mai, den Fischlaich dem fairen Waidmann Saint John schenkte, der um die Taille oft das pailettenbesetzte Tuch geschlungen hatte, das der Ukrainer Lakai ihm aus der Taiga oder vom Baikalsee mitgebracht hatte.
(Wörter mit »ei« sind in solchen Geschichten nicht erlaubt.)

Keller, G.: Lernen will gelernt sein!
Endres, W.: Lernen mit Kniff und Pfiff

Sprachen lernen ○

Mit jeder Sprache mehr, die du erlernst, befreist du einen bis daher in dir gebundenen Geist. (Rückert)

Lernen Sie Sprachen effektiv!

- Stures Vokabelbüffeln bringt nicht viel!

  Die linke Hirnhälfte wird überlastet, während die rechte Hirnhälfte »arbeitslos« ist (→ Gehirnhälften).
  Viele Wiederholungen sind nötig!

- Lernen Sie Vokabeln im Zusammenhang! Bilden Sie ganze Sätze!

- Lernen Sie so oft wie möglich handelnd!

- Lernen Sie mit Kassetten!

○ Sprachen lernen

Hören Sie den Text und stellen Sie sich die Einzelheiten bildhaft vor! Ihre rechte Hirnhälfte arbeitet aktiv mit, denn Sie verarbeitet sowohl Bilder wie auch den Wortklang, die Sprachmelodie.
Wenn Sie den Text so oft gehört haben, daß sie ihn vollkommen verstehen, hören Sie die Kassette nebenbei (mit Walkman). Hören Sie dabei nicht mehr bewußt zu!
Wenn Ihnen der Text ganz vertraut erscheint, sprechen Sie mit dem Sprecher auf der Kassette mit und die einzelnen Sätze jeweils nach! (Drücken Sie dafür auf die Pausentaste)

- Lernen Sie mit der Lernkartei!

- Übersetzen Sie Texte zunächst wörtlich!

So lernen Sie die Bedeutung der einzelnen Wörter in ihrem Zusammenhang. Ihre rechte Hirnhälfte wird auch aktiv! Idiome sind kein Problem mehr! – Sie werden schneller in der fremden Sprache denken können.

Je absurder die wörtliche Übersetzung klingt, desto besser erkennen Sie den Aufbau der Fremdsprache und damit, was in dieser Sprache anders ist als in der Muttersprache.

Einen Gescheiten kann man überzeugen, einen Dummen muß man überreden. (Goethe)

- Führen Sie in Gedanken Selbstgespräche in der fremden Sprache!

Denken Sie zunächst, was Sie denken können und erst dann, was Sie wollen. Bewegen Sie sich zunächst in dem sprachlichen Bereich, den Sie beherrschen und steigern Sie dann allmählich Umfang und Schwierigkeitsgrad.

- Lernen Sie die unterschiedlichen Fremdsprachen in verschiedenen Räumen!

- Hören Sie Lieder in der Fremdsprache!

- Lernen Sie mit leiser Instrumentalmusik im Hintergrund!

- Lernen Sie, indem Sie sich bewegen!

  Gehen Sie im Zimmer hin und her, verrichten Sie Arbeiten, bei denen Sie nicht nachdenken müssen. Gehen Sie spazieren (mit Walkman).

- Spielen Sie Dialoge und Situationen!
- Lernen Sie ganze Textstellen, besonders Dialoge, auswendig!
- Benutzen Sie verschiedene Farben!

  Schreiben Sie z. B. den englischen Text grün und den französischen Text blau.

Birkenbihl, V.: Stroh im Kopf?

Störungen beim Lernen □

»Klaus, ich will dich ja nicht stören, aber kannst du mir schnell sagen, wo du den Dosenöffner hingelegt hast?«

Auch die kleinste Unterbrechung ist eine Störung!

☐ Störungen beim Lernen

Wird ein Lernprozeß durch unmittelbar darauffolgende Erregungen (Schreck, Ärger, Freude) gestört, so wird das Einprägen des neuen Lernstoffes deutlich behindert.

Lernstörungen:
- plötzliche Unterbrechung der Arbeit
- Lärm – Gespräche – Fernsehen ...
- zu hohe Raumtemperatur – zu trockene Luft
- unzureichende Beleuchtung
- visuelle Störungen
- Konflikte, Enttäuschungen, unerfüllte Wünsche
- Zeitdruck
- Überforderung, Erschöpfung
- Angst
- Unlust

Hängen Sie ein Schild an die Tür:

Spielen Sie öfter das »Störspiel« (→ Konzentration).

Sprechen Sie mit Ihren Familienmitgliedern darüber, daß es wichtig ist, ohne Unterbrechung zu lernen. Ihre »Stille Stunde« sollte am Anfang nur kurz sein (vielleicht 15 oder 20 Minuten) und dann langsam immer länger werden.

Geben Sie sich und den anderen die Möglichkeit, sich an ein störungsfreies Lernen zu gewöhnen.

Streß ☐

Wende dein Gesicht der Sonne zu, dann fallen die Schatten hinter dich!
(Chinesische Weisheit)

Streß, dieser längst zum Schlagwort gewordene Begriff, stammt aus dem Englischen und bedeutet ursprünglich Anspannung, Verzerrung, Verbiegung, zunächst auf dem Gebiet der Materialprüfung, etwa von Metallen und Glas.
In die Biologie wurde der Begriff 1950 eingeführt.
Streß gibt es nicht erst heute!

Streß ist ein lebenswichtiger Vorgang, der seit Urzeiten untrennbar mit dem Leben verbunden ist. Streß ist also zunächst einmal etwas ganz Natürliches, ein seit Millionen von Jahren eingebauter Verteidigungsmechanismus des Körpers. Bei Gefahr mobilisiert Streß in Sekundenschnelle alle Energiereserven für eine extreme Muskelleistung. Er dient so zur blitzschnellen Vorbereitung auf Flucht oder Angriff. Das Denken muß dabei ausgeschaltet werden, damit die Reaktion fast reflexartig erfolgen kann. Für den Steinzeitmenschen waren Streßreize und ihre Folgereaktionen die Ausnahmesituationen. In unserer hochtechnisierten Welt gehört das Streßgeschehen leider zum Alltag. Ungewohnte oder mit Gefahr verbundene Wahrnehmungen (z.B. beim Autofahren) oder unangenehme Erinnerungen, Zeitdruck, Leistungsdruck, tatsächliche oder vermeintliche Erwartungen, Angst ... usw. lösen über das Zwischenhirn und den Sympathicusnerv eine direkte Stimulation der Nebennieren aus. In Bruchteilen von Sekunden werden von dort zwei Hormone in den Blutkreislauf geschickt: Adrenalin und Noradrenalin. Das sind die sogenannten Streßhormone, die dazu dienen, den Körper schlagartig für körperliche Höchstleistungen zu präparieren.
Folgen des steigenden Adrenalinspiegels im Blut: hoher Blutdruck, Mobilisierung der Fett- und Zuckerreserven. Ein Nebeneffekt ist, daß die Schaltstellen (Synapsen) zwischen den Nervenzellen im Gehirn blockiert werden. Das Denken und Erinnern funktioniert nicht mehr. Es kommt zu Denkblockaden.

☐ Streß

Dauerstreß belastet den Organismus, vor allem dann, wenn das notwendige Abreagieren durch Bewegung unterbleibt. Nur so können jedoch die Streßhormone im Blut schnell wieder abgebaut werden, und der Körper kann zur Ruhe kommen.

Bewegung ist Hilfe gegen Streß!

Vester, F.: Phänomen Streß
Birkenbihl, V.: Freude durch Streß

☐ Streßfaktoren

Streßfaktoren + Lernen:

(Abb. aus: Vester, F.: Denken, Lernen, Vergessen)

Stressoren:
Angst – Leistungsdruck – Zeitdruck
Erwartungsdruck (von innen und außen)
Konflikte – Ärger – Aggressivität
Überreizung (Fernsehen, Straßenverkehr, Lärm ...)
Existenzsorgen

Folgen der Streßfaktoren sind:
Denkblockaden
Gedächtnisschwäche
Konzentrationsmangel
Schwächung aller oder bestimmter Organe
Krankheiten

📖 Vester, F.: Denken, Lernen, Vergessen

Superlearning □

Zuerst belehre man sich selbst, dann wird man Belehrung von anderen empfangen. (Goethe)

Superlearning = Suggestopädie = Methode Dr. Losanow

Dazu gehört:
1. Erlernen einer Entspannungstechnik
2. Lernen mit Informationskassetten
   Die Stimme des Sprechers muß variationsreich sein – mal laut, mal leise, mal mit und mal ohne Betonung.
3. Erlernen einer Lernatemtechnik
4. Lernen mit Barockmusik

Ursprünglich war diese Methode vor allem für den Fremdsprachenunterricht gedacht; sie kann jedoch auf allen Wissensgebieten angewendet werden.
Wichtig ist, daß
- nicht nur isolierte Informationen aufgenommen werden, sondern daß Zusammenhänge hergestellt werden,
- die Informationen in Bilder umgesetzt werden, damit die rechte Gehirnhälfte nicht nur angeregt wird, sondern voll mitarbeitet.

1. Entspannungstechniken: Autogenes Training – Yoga
   Progressive Muskelentspannung – Meditation
   Alpha-Training – Bio-Feedback
   Einfache Suggestiventspannung

2. Stimm-Modulation: Eine gleichbleibende, eintönige Stimme ist einschläfernd. Sobald die Lautstärke und Betonung wechseln, wird die Aufmerksamkeit immer wieder neu geweckt.

3. Lernatemübung: Rhythmisch einatmen (2 Sek.) – Luft anhalten (4 Sek.) – ausatmen (2 Sek.) Grundlage dieser Atmung ist die Erkenntnis, daß wir immer dann, wenn wir voll konzentriert sind, den Atem anhalten.

4. Barockmusik: Die Largo-Sätze der Barockmusik haben einen Rhythmus, der dem optimalen Herzrhythmus von 60 Schlägen pro Minute entspricht.

Problem dieser Lernmethode:
Wenn Sie zu schnell mit der Lernkassette beginnen, bevor Sie sich also richtig entspannen können, sind Sie mit dieser Lernmethode nicht erfolgreich und sehen sie negativ.

Eine gründliche Vorbereitung ist unerläßlich!

Sita-Learning
ist eine Variante des Superlearning:

»Lernen auf zwei Ebenen«

Grundlage ist die Erkenntnis, daß die beiden Hirnhälften verschiedene Aufgaben erfüllen.

Hierbei werden apparativ Entspannung erzeugt und davon abhängig Lerninformationen angeboten.

Sita-Learning ist ein Wechselspiel zwischen aktiv übendem und passiv aufnehmendem Lernen.

Neu ist die Verwendung von Bio-Feedback-Apparaten zur Entspannungseinleitung und -kontrolle im Rahmen von kontrollierten Lernverfahren.

Anbieter: SITA Daten- und Kommunikations-GmbH
Amselstieg 38, 25421 Pinneberg

Birkenbihl, V.: Stroh im Kopf?
Bröhm-Offermann, B.: Suggestopädie
Teml, H.: Entspannt lernen
Beyer, G.: Erfolgreich lernen – Superlearning

Technik des Lernens ○

Wechsel der Weide macht fette Kälber!

Wechseln Sie ab:

- Lernaktivitäten (Schreiben, Lesen, Denken)
- Lernmedien (Buch, Kassette, Heft)
- Lernstoffe (Englisch, Mathe, ...)
- Heftgestaltung

um Konzentration und Lernfähigkeit zu steigern.

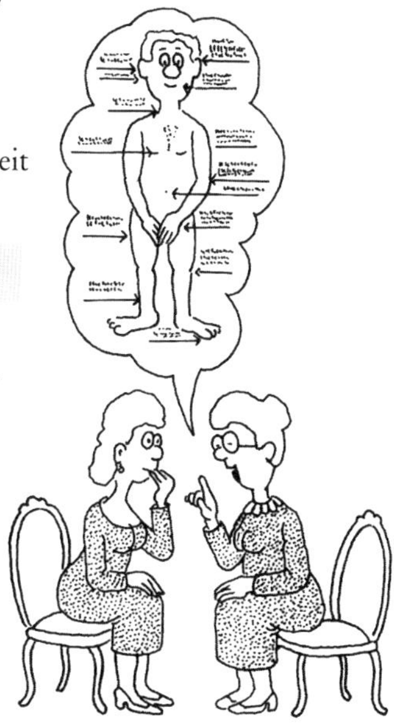

Die beste Art zu lernen ist Lehren!

Erklären Sie anderen den gelernten Stoff!

Wenn Sie versuchen, einem anderen Menschen einen bestimmten Sachverhalt zu erklären, merken Sie sehr schnell, ob Sie selbst die Zusammenhänge genau verstanden haben und ob Ihnen Einzelheiten verlorengegangen sind.

○ Technik des Lernens

Nehmen Sie keine Angel, sondern ein Netz!

Knüpfen Sie ein Netz!

Lernen Sie in Zusammenhängen!
Lernen Sie nicht nur einzelne Details!

Informationen gleichen Fischen, die wir nur aus dem Meer unseres Gedächtnisses fischen können, wenn wir ein dicht geknüpftes Netz besitzen. Wenn Sie Ihr Wissen in Zusammenhänge stellen, wird es fester gespeichert und verknüpft, so wie das Fischernetz um so besser ist, je dichter die Maschen sind.

Je kleiner der »Fisch« ist, d. h. je unbedeutender eine Information erscheint, desto dichter muß das Netz geknüpft werden, desto mehr Gedankenverbindungen sind erforderlich.

Je dichter Sie das Netz aller Fakten eines Unterrichts, eines Buches oder einer Aufgabe knüpfen, desto mehr »Fische« (Informationen) können gefangen werden.

Graichen, W. U./Seiwert, L. J.: Das ABC der Arbeitsfreude

Alles ist einfach, wenn man es einer Sammlung von Modellen zuordnen kann.

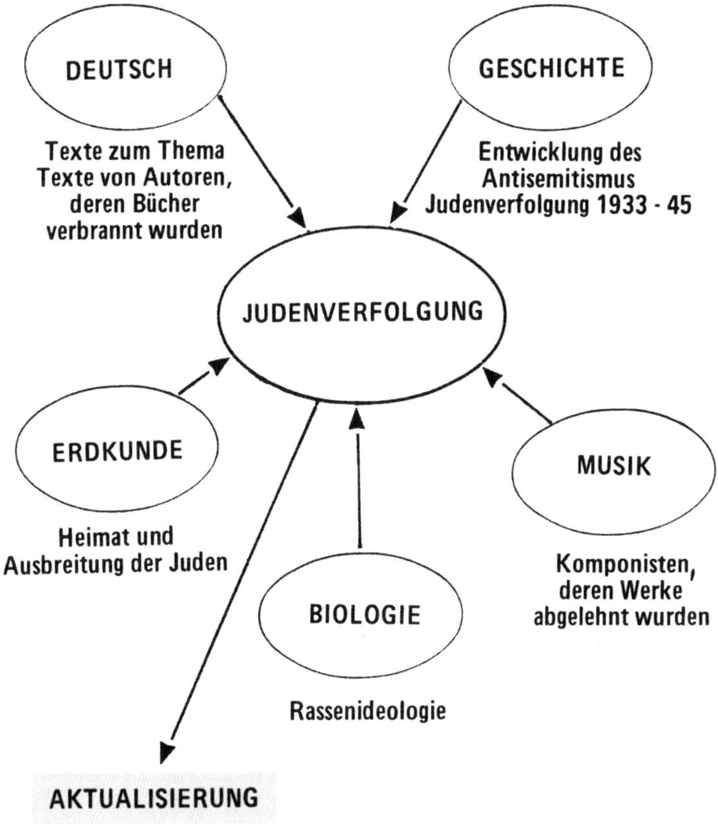

Nicht wie Kraut und Rüben…

Versuchen Sie, die Struktur eines Lernstoffes zu erfassen!

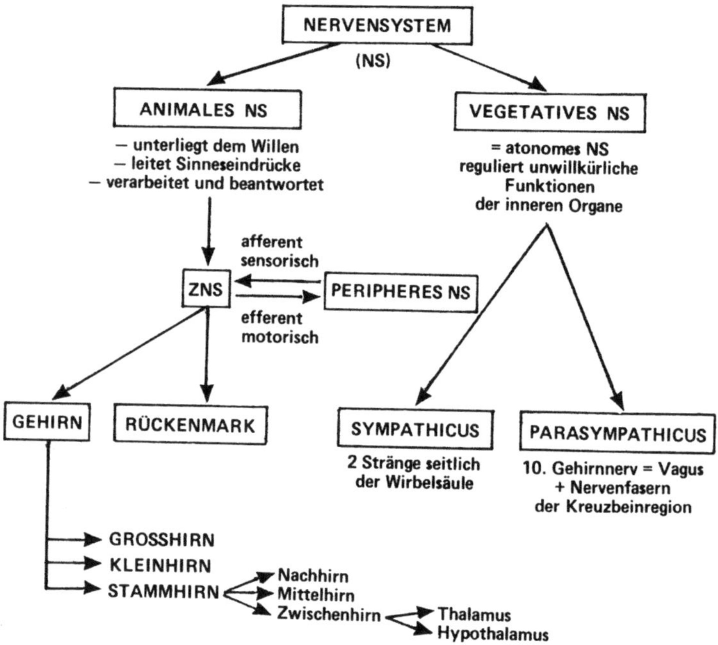

Wat dem einen sien Uhl, is dem annern sien Nachtigall!

Wichtig ist, was *Sie* für wichtig halten!

Machen Sie Ihren Lernstoff bedeutungsvoll

- Finden Sie praktische Anwendungsmöglichkeiten und Nutzeffekte heraus!
- Formulieren Sie Fragen!
- Erzählen Sie das Gelernte einem Freund!
- Machen Sie in Gedanken einen »Film« aus den Tatsachen und lassen Sie ihn immer wieder ablaufen!
- Unterstreichen Sie wichtige Fakten, gliedern Sie den Text, fassen Sie mit eigenen Worten zusammen!
- Stellen Sie Vergleiche an!
- Finden Sie Parallelen und Analogien!
- Spielen Sie den Lernstoff durch!
- Stellen Sie sich vor, Sie seien Reporter!
- Finden Sie »sensationelle« Überschriften!
- Setzen Sie Gedächtnistechniken ein!

Nur wer losläßt, kann festhalten!

Beißen Sie sich nicht fest!

Wenn Sie bei einer Aufgabe, einem Lernproblem nicht weiterkommen, machen Sie eine kleine Pause und beschäftigen sich mit anderen Dingen oder mit einem anderen Lernstoff. Nur wenn Sie entspannt sind, kann Ihr Gehirn optimal arbeiten und kreativ sein.
Denkblockaden treten immer dann auf, wenn wir verkrampft in unserem Gedächtnis kramen, unter Zeitdruck oder Leistungsdruck versuchen, ein Problem zu lösen.

Entspannen Sie sich! Lassen Sie los!

☐ Texterarbeitung

Wer Geist hat, hat sicher auch das rechte Wort, aber wer Worte hat, hat darum noch nicht unbedingt Geist. (Konfuzius)

5-Punkte-Programm zur Erarbeitung von Texten:
Punkt 1: Überblick gewinnen
Punkt 2: Leitfragen formulieren
Punkt 3: Lesen
Punkt 4: Wiederholung jedes einzelnen Teilabschnitts
Punkt 5: Wiederholung des Ganzen

zu Punkt 1:
Fragen: Welches sind die Hauptgedanken?
Wie ist der Lehrstoff aufgebaut?
Worauf legt der Verfasser Wert?
Welche wichtigen Begriffe tauchen auf?

zu Punkt 2:
Machen Sie aus Überschriften Fragen! Formulieren Sie Fragen, auf die Sie mit wichtigen Sätzen antworten können. Bestehen Beziehungen zu Ihren eigenen Erfahrungen? Gibt es für Sie praktische Anwendungsmöglichkeiten?

zu Punkt 3:
Machen Sie beim Lesen nach jedem Absatz halt. Lassen Sie Ihrem Gehirn Zeit, die Informationen zu verarbeiten und gut zu speichern. Machen Sie Zeichen an den Rand und unterstreichen Sie. Machen Sie sich Notizen und kleine Skizzen. Notizen fördern die Lernaktivität und erhöhen das Verständnis und die Gedächtnisleistung.

zu Punkt 4:
Machen Sie nach jedem Absatz halt und versuchen Sie, den Inhalt mit eigenen Worten wiederzugeben (Kassettenrecorder). Fragen Sie: Worum ging es? Welches sind die wichtigsten Aussagen? Welche Begründungen gibt es?

zu Punkt 5:
Stellen Sie sich vor, Sie sollten ein Referat über den Text halten. Womit würden Sie beginnen? Welche Reihenfolge der Fakten ist sinnvoll? Was ist das Fazit des Textes? Welche Folgen ergeben sich daraus?

Keller, G.: Lehrer helfen lernen
Lernen will gelernt sein!
Endres, W.: So macht Lernen Spaß
Das Anti-Pauk-Buch
Schräder-Naef, R.: Rationeller Lernen lernen

Textzeichen ○

Wer den Kern essen will, muß die Nuß knacken.

Setzen Sie Zeichen!

Für die Texterarbeitung ist es sinnvoll, beim ersten Überblicklesen den Text mit Randzeichen zu versehen und wichtige Begriffe zu unterstreichen oder einzurahmen.

Dann wissen Sie bei der anschließenden eigentlichen Textarbeit sofort, was zu tun ist, welche Stellen besonders zu beachten sind und welche geklärt werden müssen.

Vorschlag für Randzeichen:

! = wichtig

!! = sehr wichtig

? = nicht ganz verstanden

?! = überhaupt nicht verstanden

○ Textzeichen

≀ = inhaltlich zu überprüfen

📖 = nachschlagen

||: = Wiederholung

→ = daraus folgt

↓ ↑ = siehe unten
= siehe oben

⇆ = Widerspruch

B = Beispiel

Ø = Durchschnitt

F = Fotokopieren

□ = dazu Karteikarten schreiben

△ = interessant

Z = Zusammenfassung

☺ = witzige Stelle

📖 Hüholdt, J.: Wunderland des Lernens

Theorien des Lernens ☐

Grau, teurer Freund, ist alle Theorie, und grün des Lebens goldner Baum. (Goethe, Faust)

Drei wichtige Lerntheorien

1. Reiz-Reaktions-Lernen
(Klassisches Konditionieren)
= Signal-Lernen

2. Lernen durch Verstärkung
(Operantes Konditionieren)
= Konsequenz-Lernen

3. Lernen durch Einsicht
(Kognitives Lernen)

Jörger, K.: Einführung in die Lernpsychologie
Schräder-Naef, R.: Rationeller Lernen lernen

□ Theorien des Lernens

... auf den Hund gekommen

Das Reiz-Reaktions-Lernen = Signal-Lernen
= Klassisches Konditionieren
wird an dem berühmten Versuch des russischen Psychologen Iwan Pawlow deutlich (siehe Abb. auf S. 137).

Pawlow ließ, während er seinem Hund Futter reichte, immer einen bestimmten Ton hören. Schließlich reichte dieser Ton aus, um den Hund auf Fressen einzustellen.
Pawlow konnte messen, daß der Hund bei dem Ton ebenso Speichel produzierte wie beim Anblick des Futters.

Folgerungen aus Pawlows Erkenntnissen:

1. Wenn Sie stets zu bestimmten Zeiten lernen, stellt sich die Lernbereitschaft von alleine ein.

2. Wenn Sie immer an dem selben Platz lernen, unterstützen Sie Ihre Lernbereitschaft!

3. Wenn Sie sich eine angenehme Lernatmosphäre schaffen, wird auch das Lernen angenehm.

📖 Jörger, K.: Einführung in die Lernpsychologie
Funk-Kolleg Pädagogische Psychologie
Schräder-Naef, R.: Rationeller Lernen lernen
Heineken, E./Habermann, Th.: Lernpsychologie für den beruflichen Alltag

Neue Gedanken sind nicht häufig
Sag uns die alten nur geläufig. (W. Busch)

Lernen durch Verstärkung = Konsequenz-Lernen
= Operantes Konditionieren

Am Beispiel der Tauben macht der amerikanische Verhaltensforscher Skinner deutlich, wie wichtig die Belohnung beim Lernen ist und daß sie jeweils konkret und direkt nach einem Lernabschnitt erfolgen muß.

Die Lehre B. F. Skinners (geb. 1904):
Skinner arbeitete vorwiegend mit Tauben im Käfig. Durch Futtergabe verstärkte er z. B. bestimmte Bewegungen der Tauben so, daß sie schließlich »tanzen« konnten.
Skinner ist der Ansicht, daß durch Verstärkung gewisser Verhaltensweisen und Ignorierung anderer jedes gewünschte Verhalten erzielt werden kann.

Folgerungen aus Skinners Erkenntnissen:

1. Unterteilen Sie umfangreiche Arbeiten in kleine, überschaubare Arbeitsschritte.

2. Verstärken Sie Ihr Lernverhalten, indem Sie sich belohnen.

3. Belohnen Sie sich immer unmittelbar im Anschluß an einen Lernschritt!

Einsicht ist der erste Schritt zur Besserung!

Lernen durch Einsicht = Kognitives Lernen

□ Theorien des Lernens

Bei dem Versuch des deutschen Psychologen Köhler steckten Schimpansen entsprechend vorbereitete Stäbe ineinander, um außerhalb des Käfigs liegende Bananen zu erreichen.

Folgerungen aus Köhlers Versuch:

1. Es ist wichtig, möglichst schnell einen Überblick zu gewinnen!

2. Die Struktur eines Lernstoffes muß erkennbar sein!

3. Das Gelernte muß möglichst umgehend angewandt werden!

Jörger, K.: Einführung in die Lernpsychologie
Funk Kolleg Pädagogische Psychologie
Schräder-Naef, R.: Rationeller Lernen lernen
Heineken, E./Habermann, Th.: Lernpsychologie für den beruflichen Alltag

Tips für Eltern ○

Wie die Eltern sind, wie sie durch ihr bloßes Dasein auf uns wirken, das entscheidet.

- Zeigen Sie Ihre Zuneigung unabhängig von der Leistung des Kindes, und seien Sie bereit zu verstehen!
- Fördern Sie von Anfang an die Selbständigkeit Ihres Kindes!
- Leiten Sie an und beraten Sie, aber zwingen Sie nicht!
- Überfordern Sie Ihr Kind nicht!
- Loben Sie mehr und ermutigen Sie, anstatt zu schimpfen, zu mahnen und zu strafen. Antreiben führt zum Trödeln!
- Eltern haben Wünsche, Kinder wache Augen.

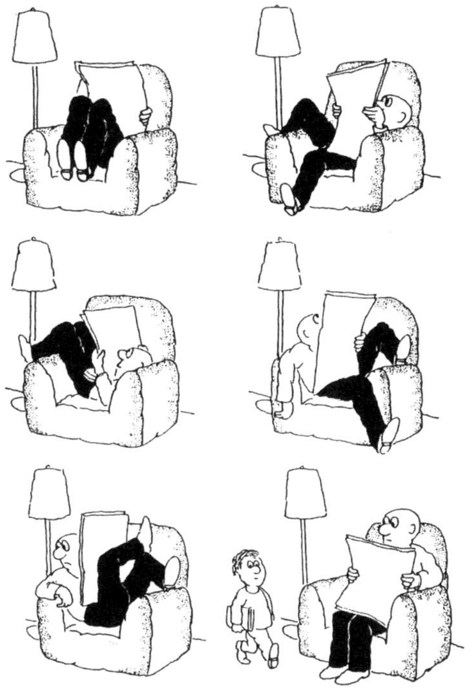

○ Tips für Eltern

Denken Sie daran, daß Kinder v. a. durch Beobachten und Nachahmen lernen. Verhalten Sie sich immer so, wie Sie wünschen, daß Ihr Kind sich verhält, aber vergessen Sie dabei nicht, daß jeder Mensch anders ist, daß Ihr Kind eine eigenständige Persönlichkeit ist.

- Üben Sie sich in Geduld. Zuviel Kümmern bringt Kummer! Viele Entwicklungsschritte erfolgen auch ohne Ihre Anregung zu der entsprechenden Zeit.
- Kritisieren Sie nicht – außer: Stop, das ist nicht richtig!
- Stellen Sie keine Vergleiche mit anderen Kindern an! Sehen sie die Leistungsveränderung Ihres Kindes.
- Betrachten Sie nicht das Ergebnis, sondern die Anstrengung!
- Für Übungen gilt: Qualität statt Quantität.
- Nutzen Sie den Spieltrieb des Kindes für das Lernen!

Solange ein Kind klein ist – gib ihm Wurzeln,
wenn es größer ist – gib ihm Flügel.

- Sagen Sie nie: Sei nicht so neugierig!
- Loben und belohnen Sie mit Bedacht (kein Geld!).
- Wenn Sie loben, schränken Sie das Lob nicht gleichzeitig durch Kritik ein!
- Wenn Sie Kritik äußern, verbinden Sie sie mit positiven Feststellungen. (Auch an einer ungenügenden Arbeit gibt es noch etwas Positives.)
- Loben Sie, wenn das Kind selbst Fehler findet bzw. Verbesserungsvorschläge äußert.
- Wenden Sie sich Ihrem Kind zu, wenn es eigentlich gar nicht nötig ist, d. h. wenn es selbständig ist und kein Problem aufgetaucht ist.
- Versuchen Sie, selbst fit zu sein!
- Geben Sie auf Fragen keine Lösungen, sondern nur Anregungen und kleine Hilfestellungen!
- Erklären Sie Regeln bildhaft und mit Beispielen aus dem Alltag!
- Lassen Sie Ihr Kind (z. B. bei Textaufgaben) laut denken!

– Interessieren Sie sich für die Arbeit Ihres Kindes ebenso wie für die Arbeit Ihres Partners, aber kontrollieren Sie nicht!
Haben Sie Vertrauen und Zutrauen!

Eltern sind: morgens eine Startrampe
mittags eine Tankstelle
abends eine Garage

Reiber, G.: Eltern helfen lernen
Dutschmann, A.: Mein Kind kann sich nicht konzentrieren – was tun?
Keyserlink, L. von: Naschen, Trödeln, Träumen
Gordon, T.: Familienkonferenz in der Praxis

Tips für Biologie/Chemie/Physik ○

Es gibt mehr Leute, die kapitulieren, als solche, die aufgeben! (H. Ford)

- Verzeichnis anlegen: Symbole – Fachwörter – Formeln!
- Beispiele aus der Wirklichkeit suchen, die physikalische, chemische und biologische Gesetze belegen (schriftlich)!
- Schwierige Lehrbuchsätze in eigene Worte fassen!
- Schwierige Sachverhalte in anderen Büchern und Lexika nachlesen, v. a. zunächst einfache, klar verständliche Texte wählen (Sachbücher für Kinder und Jugendliche)!
- Wichtige Fakten unterstreichen!
  Unklare Sachverhalte ankreuzen und in der nächsten Unterrichtsstunde nachfragen!
- Schwer verständliche Lernstoffe zeichnerisch darstellen!
- Tabellen, Diagramme, Schemata erstellen!
- Fehler-Klärung durchführen!
  Welche Fehler treten am häufigsten auf?
- Aufspüren von Wissenslücken!
- Artikel in Zeitschriften ausschneiden und sammeln!

○ Tips für Biologie/Chemie/Physik

- Auf Fernsehsendungen zu den besprochenen Themen achten!
- Ausstellungen besuchen!
- Lange Lerntexte Schritt für Schritt erarbeiten und abschnittweise mit eigenen Worten zusammenfassen!
- Texte und eigene Zusammenfassungen auf Kassette sprechen und zwischendurch abhören (Walkman)!
- Zeichen an den Rand des Textes machen!

Keller, G.: Lehrer helfen lernen
Lernen will gelernt sein!
Endres, W.: So macht Lernen Spaß
Das Anti-Pauk-Buch
Schräder-Naef, R.: Rationeller Lernen lernen

○ Tips für Mathematik

Man kann alles, wenn man sich nur recht viel zutraut.

- Hausaufgaben für Mathematik möglichst am selben Tag erledigen (Unterricht noch gut im Gedächtnis)!
- Aufgaben möglichst handelnd lösen!
- Haupt- und Nebenrechnungen voneinander trennen!
- Ergebnisse unterstreichen!
- Seite übersichtlich beschriften!
- Formeln, Merksätze, ... öfter wiederholen!
- Fehlerstatistik anfertigen!
- Mathematik im Alltag anwenden!
- Textaufgaben genau durchlesen!
  Fragen stellen!
  Skizzen machen!
- Textaufgaben spielen!
- Rechenspiele spielen!

Spiele:

1. »Wackelpudding«
   Bei diesem Spiel geht es um Schnelligkeit und damit um volle Konzentration.
   Es wird laut gezählt, wobei alle Zahlen, in denen z. B. eine 3 vorkommt oder enthalten ist, durch das Wort »Wackelpudding« ersetzt werden müssen.
   Wer nicht aufpaßt und zur falschen Zeit »Wackelpudding« ruft, bekommt einen Spieltaler. Wer die meisten Spieltaler gesammelt hat, bekommt eine vorher ausgemachte Aufgabe.

2. »Zauberzahl«
   Denken Sie sich eine Zahl zwischen 1 und 99 und hängen Sie bei dieser Zahl eine Null an.
   Denken Sie sich nun eine Zahl zwischen 1 und 9 und multiplizieren Sie diese Zahl mit 9. Das Ergebnis ziehen Sie von der ersten Zahl ab. Nennen Sie das Resultat.
   Nehmen wir an, Sie sagen 177, dann weiß ich, daß Ihre gedachte Zahl 24 sein muß. Können Sie erklären, wie ich darauf komme?

   Lösung: Wenn das Resultat dreistellig ist wie hier 177, dann rechne ich 17 + 7 = 24
   Bei zweistelligen Resultaten wird einfach die Quersumme gebildet.

📖 Lauster, U.: Rechenspiele
Birkenbihl, V.: Stichwort ›Schule‹

○ Tips für Erdkunde/Geschichte/ Gemeinschaftskunde

Jedem redlichen Bemühen sei Beharrlichkeit verliehen. (Goethe)

- Verzeichnis anlegen: Fachwörter – Definitionen
- Kartensymbole und Abkürzungen einprägen
- »Stadt – Land – Fluß« spielen (Atlas benutzen)
- Für Geschichte Listen anfertigen: Zahlenreihen mit den wichtigsten Ereignissen (nicht nur im geschichtlichen Bereich)
- Wichtige Daten auf eine Zeitachse übertragen
- Lerntexte anschaulich machen durch Skizzen, Tabellen, Zeichnungen...
- Wichtige Fakten auf Karteikarten übertragen und mit der Lernkartei lernen
- Eselsbrücken bauen und Merkverse einsetzen (→ Gedächtnistechniken)
- Je schwieriger der Lernstoff, desto weniger auf eine Seite schreiben
- Unverstandene Abschnitte ankreuzen und nachschlagen oder in der nächsten Stunde nachfragen
- Zeitungsartikel sammeln
- Auf Fernsehsendungen zum Thema achten

Keller, G.: Lernen will gelernt sein!
Lehrer helfen lernen

○ Tips für Deutsch

Überall geht ein frühes Ahnen dem späteren Wissen voraus. (Goethe)

- Fehlerlisten anlegen!
- Schwierige Wörter auf Karteikarten schreiben!
- Merktechniken verwenden: z. B. Eselsbrücken bauen!
- Wortschatzübungen machen (z. B. das Wort »gehen« durch sinnverwandte Wörter ersetzen). → Wortschatzerweiterung

Tips für Deutsch ○

- Bildhafte Vergleiche suchen! (so stark wie ein Bär, so bunt wie ein Frühlingsstrauß...)
- Verzeichnis grammatikalischer Begriffe anlegen!
- Bei Aufsätzen nicht drauflosschreiben!
  Zuerst überlegen, was gefragt ist!
  Stichwörter und Einfälle aufschreiben!
  Grobstruktur anfertigen! Feinstruktur erarbeiten!

  Kurze anschauliche Sätze bilden!

- Für Rechtschreibübungen gilt: Qualität statt Quantität!
  Lieber ein kurzes schweres als ein langes leichtes Diktat!

  Sofort korrigieren!

  Fehler nicht unterstreichen, sondern mit den richtig geschriebenen Wörtern überdecken oder nur am Rand markieren!

  Lückentexte verwenden!

  Problemwörter auf Karteikarten schreiben und öfter wiederholen!
  Lernposter machen!

Keller, G.: Lehrer helfen lernen
Lernen will gelernt sein!
Endres, W.: Das Anti-Pauk-Buch
So macht Lernen Spaß

Tips für Schüler ○

Wer sich selbst alles zutraut, wird andere übertreffen! (Aus China)

- Hausaufgaben: vergnügt – richtig – schnell – allein!
- Tagesplan + Wochenplan aufstellen bringt Freizeit ohne Reue.
- Freizeit nicht total verplanen – »Pufferzeiten«
- Möglichst immer gleicher Arbeitsplatz und gleiche Zeit!
- Arbeitsplatz und Lernplatz können verschieden sein.

○ Tips für Schüler

- »Lernticks« beachten
- Pausen nicht vergessen
- Pausen rechtzeitig, regelmäßig und richtig machen (mehrere kurze Pausen sind besser als eine große Pause)!
- Aufwärmzeit beachten
  Mit dem Lieblingsfach anfangen
- Erst die leichte Arbeit, dann die schwierige!
- Nicht ähnliche Fakten hintereinander oder nebeneinander lernen
- Wechseln zwischen Auswendiglernen und Schreiben und Rechnen
- Vokabeln ziemlich am Anfang lernen
- Den wirkungsvollsten Lernweg benutzen (Kassettenrecorder)!
- Kleine Lernportionen, nicht alles auf einmal!
- Wenn das Buch zugeklappt wird, ist der Lernvorgang im Gehirn noch nicht beendet.
- Skizzen und kleine Bilder malen
- Auch die kleinste Unterbrechung ist eine Störung.
- »Gut notiert ist halb gelernt!«
  Wichtige Fakten unterstreichen, einrahmen, in Druckschrift schreiben
  Nicht am Papier sparen
- Nicht überlernen! Mehr als 100% geht nicht.
- Nicht zu früh wiederholen
  Abends vor dem Einschlafen wiederholen
- Nur regelmäßiges Wiederholen führt zum Erfolg.
- Lernkartei anlegen
- Fehlerlisten anlegen
- Einem anderen Schüler das Gelernte erklären
- Sich in einem anderen Raum abfragen lassen
- Das Leistungshoch liegt zwischen 8–12 Uhr und 16–18 Uhr.
- Pinnwand benutzen bedeutet Überblick.
- Ein Lernposter erleichtert das Einprägen.
- Konzentrationsübungen erhöhen die Aufnahmefähigkeit.
- Die Prüfungsvorbereitung oder Klassenarbeitsvorbereitung muß rechtzeitig und systematisch erfolgen.
- Sich selbst auf die Schulter klopfen, wenn es sonst niemand tut
- Nicht aufgeben und vergnügt bleiben!

Überlernen ○

Zuviel ist ungesund!

Überlernen = zuviel lernen = mehr als 100% ist Zeitverschwendung!

Beispiel:

Stellen Sie sich vor, Sie haben die englischen Vokabeln für die nächste Stunde in 6 Lerndurchgängen 100%ig gespeichert.
Dann folgen Sie dem Rat Ihres Partners: 150% ist besser, und hängen noch 2 oder 3 Lerndurchgänge an.

Das ist Zeitverschwendung, denn wiederholen müssen Sie auf jeden Fall und es geht in den ersten Stunden nach dem Lernen ebensoviel verloren, ganz gleich, ob sie 100%ig oder 150%ig gelernt hatten.

Wenn man einen falschen Weg einschlägt, verirrt man sich um so mehr, je schneller man geht. (Diderot)

Unbewußtes Lernen ○

Mit »links« eine Sache erledigen ist gut, aber:

Lernen Sie auch mit rechts!

Nutzen Sie Ihre rechte Hirnhälfte und vertrauen Sie Ihrem Unterbewußtsein. Alles, was wir bewußt wahrnehmen, erhält von der linken Hirnhälfte ein Etikett, einen Namen.
Alles, was wir unbewußt lernen, läuft über unsere rechte Hirnhälfte, die Bilder speichert, dafür aber nicht »reden« kann.
Sie kennen sicher den Satz: »Es liegt mir auf der Zunge«.
Unsere rechte Hirnhälfte hat das Wort gespeichert, aber die linke kann es im Moment nicht benennen.
Umgekehrt tun wir uns schwer, wenn wir »Etiketten« auswendig lernen sollen, ohne die rechte Hirnhälfte, d. h. unsere Phantasie mit einzubeziehen.

○ Unbewußtes Lernen

Dazu ein Beispiel:
Versuchen Sie zunächst den folgenden Satz auswendig zu lernen.

»Ein Zweibein sitzt auf einem Vierbein an einem Dreibein und ißt ein Einbein. Da kommt ein Vierbein, springt auf das Dreibein und nimmt dem Zweibein sein Einbein.«

Wenn Sie diesen Satz auswendig lernen wollen (nur mit der linken Hirnhälfte), dann müssen Sie ihn sicher mehrere Male lesen, bevor Sie ihn fehlerlos wiederholen können.
Nutzen Sie Ihre rechte Hirnhälfte, und machen Sie sich zu den vielen »Beinen« Bilder. Dann entsteht vor Ihrem geistigen Auge ein Film, und Sie sind sofort in der Lage, den Satz zu wiederholen.

»Ein Mensch (Zweibein) sitzt auf einem Stuhl (Vierbein) an einem Tisch (Dreibein) und ißt eine Wurst (Einbein). Da kommt ein Hund (Vierbein), springt auf den Tisch (Dreibein) und nimmt dem Menschen (Zweibein) die Wurst (Einbein) weg.«

Unbewußtes Lernen ☐

Wir wissen und können mehr als wir glauben.
Mit dem Unterbewußtsein nehmen Sie viel mehr wahr als mit dem Bewußtsein, d. h. wenn unser »Bauch«, unser Gefühl, etwas für wichtig hält, nimmt unser Unbewußtes alle Dinge wahr, die zu diesem wichtigen Thema gehören.

Wir sehen, was wir denken bzw. fühlen!

Sie kennen alle das Phänomen, daß man sich für irgend etwas interessiert (z. B. einen Gartenteich, ein neues Auto, Briefmarken, …), und plötzlich ist die Welt voll von Informationen darüber.
Die Welt hat sich nicht verändert, sondern unsere Sichtweise.

Wir nehmen die Dinge wahr, die uns interessieren.

Unterricht ○

Worte, nichts als Worte… (Shakespeare)

Das gesprochene Wort hat zwei Nachteile:
- es verflüchtigt sich
- es muß mit der gleichen Geschwindigkeit aufgenommen werden, mit der es gesprochen wird.

Deshalb ist es wichtig, den gesprochenen Text zu »verfilmen«, das bedeutet, ihn in Bilder zu verwandeln, die unser Gehirn schneller und besser speichern kann.
Mitgeschriebene Stichwörter holen später den »Film« wieder aus der Vergessenheit ins Gedächtnis zurück.

Skizzen erleichtern die Gedächtnisarbeit!

○ Unterricht

Wer zuhören kann, sitzt vor einem Tisch, der nie leer wird.

Hören Sie hin!

Zuhören ist nicht gleich Hören!

Regeln für aktives Zuhören:

- Erhöhen Sie Ihre innere Bereitschaft.
- Schauen Sie den Dozenten an. Gesichtsausdruck und Gestik sind hilfreich.
- Stellen Sie Zwischenfragen.
- Lassen Sie sich Fremdwörter und Fachausdrücke erklären.
- Versuchen Sie sofort, den Stoff in Ihnen bekannte Zusammenhänge zu bringen.
- Trainieren Sie Ihr Vorstellungsvermögen.
- Schreiben Sie Stichwörter mit.

Wenn alles schläft und einer spricht: Sowas nennt man Unterricht.

○ Vergessen

Wer schläft, sündigt nicht und behält besser!

Legen Sie das Buch unter Ihr Kopfkissen und Sie wissen morgen alles!

Sie lächeln ungläubig.
Diese Aufforderung enthält einen wahren Kern:

Vergessen kann man verschlafen!

Wenn Sie vor dem Schlafengehen z. B. ein Gedicht oder Vokabeln wiederholen, dann werden Sie am nächsten Morgen mehr behalten haben, als wenn Sie während des Tages lernen und dann gleich wieder vielen neuen Eindrücken ausgesetzt sind. Wenn Sie nach dem Lernen schlafen, hat Ihr Gehirn Zeit und Ruhe, um ganz entspannt das Gelernte richtig abzuspeichern.

Beschäftigen Sie sich vor dem Schlafengehen jedoch nicht mit neuem Lernstoff, sondern wiederholen Sie nur!

Ungelöste Probleme und somit auch Lernprobleme lassen unseren Geist nicht zur Ruhe kommen. Sie schlafen schlecht und träumen vielleicht unangenehm.

Vor dem Schlafengehen sollte nur verstandener Lernstoff wiederholt werden.

Wo der Anteil sich verliert, verliert sich auch das Gedächtnis.

Arten des Vergessens:

1. Informationen gehen innerhalb von ca. 20 Sekunden verloren.

   Die Informationen finden keinen »Aufhänger«, oder es kommen zu viele Informationen gleichzeitig an (→ Gedächtnisstufen).

2. Informationen gehen innerhalb der ersten Stunden verloren:

   Während der Umwandlung der elektrischen Schwingungen kommt es zu Störungen im Kurzzeitgedächtnis. Je länger die Verweildauer im KZG ist, desto eher kann es zu Störungen kommen und damit zu einem Abbruch der Speicherung.

3. Informationen können nicht abgerufen werden,

   - da sie blockiert sind (Streß – Prüfungsangst...)
   - da sie falsch eingeordnet sind
   - da sie lange nicht aktiviert worden sind.

   Die Informationen sind jedoch im Langzeitgedächtnis gespeichert und damit für immer vorhanden. Deshalb hören Sie oft den Satz: Es liegt mir auf der Zunge. Das Gehirn braucht dann mehr oder weniger Zeit und ein Schlüsselwort oder eine bestimmte Assoziation, bis die Information abrufbar ist. Krampfhaftes Nachdenken führt eher zu Denkblockaden als zum gewünschten Erfolg.

Gründe für das Vergessen:

Man vergißt, weil man nicht wiederholt hat.
Man vergißt, weil man nicht richtig gelernt hat.
Man vergißt, was das Bewußtsein zu sehr belastet. Vergessen = Verdrängen!
Man vergißt, was man ungern tut (Freudsches Vergessen).
Man vergißt aus Unaufmerksamkeit und Interesselosigkeit.
Man vergißt viele Dinge, weil man fasziniert ist von einer besonderen Sache (»zerstreuter Professor«).
Man vergißt, weil man gestreßt ist (→ Streß).
Man vergißt aufgrund von körperlichen Ursachen (z.B. Durchblutungsstörungen, Schilddrüsenproblemen, Stoffwechselstörungen, Herzrhythmusstörungen, ...).

Vester, F.: Denken, Lernen, Vergessen

Vokabellernen ○

Wer zwei Sprachen kennt, ist zwei Männer wert! (Aus Frankreich)

Sieben auf einen Streich

- Nicht mehr als 7–10 Vokabeln auf einmal lernen
- nicht mehr als 30–40 Vokabeln pro Tag lernen
- regelmäßig wiederholen
- Lernkartei anlegen
- Skizzen dazu malen
- Jeweils einen Satz mit den Vokabeln bilden
- mit Phantasie lernen
- Vokabel deutsch aussprechen und eine Gedankenverbindung dazu herstellen, dieses Bild mit der deutschen Bedeutung verbinden
- »Eselsbrücken« bauen
- Vokabeln nach bestimmten Kriterien ordnen (Rechtschreibung – Themenbereiche)
- mit Walkmann lernen
- mit dem Computer lernen
- Kreuzworträtsel erstellen
- Wortspiele in der Fremdsprache machen (→ Wortschatzerweiterung, → Aufwärmphase)

○ Vokabellernen

Eng ist die Welt, weit ist das Gehirn… (Schiller)

Bauen Sie »Brücken«

Auch für das Vokabellernen oder für das Behalten von Fremdwörtern sind Phantasie und Kreativität gefragt. Sprechen Sie die englische Vokabel einmal deutsch aus, und stellen Sie dazu eine Gedankenverbindung her. Dann verbinden Sie dieses Bild mit der Bedeutung der Vokabel.

Beispiele:

- Kamingitter – grate – Fischgräte
  (Im Kamingitter steckt eine Gräte)
- Herde – flock – Schneeflocke auf einem Pflock
  (Eine Schafherde ist an einen riesengroßen Pflock gebunden und große Schneeflocken fallen vom Himmel)
- wachsen, werden – grow – grau
  (Grüne Pflänzchen werden beim Wachsen immer mehr grau)
- Erwerbslosenunterstützung – dole – Dohle
  (Alle Leute, die aus dem Arbeitsamt kommen, haben eine Dohle auf dem Kopf)
- Blitz – flash – Flasche
  (Auf einem Fabrikdach ist als Werbung eine große Sektflasche angebracht. Ein Blitz schlägt ein und die Flasche zerbirst in tausend Scherben)
- Ziegel – brick – Brikett
  (Ein Haus wird nicht mit Ziegelsteinen gebaut, sondern mit schwarzen Briketts)
- Trödler – broker – zerbrochen
  (Der Trödler auf dem Markt verkauft nur zerbrochene Sachen)

📖 Birkenbihl, V.: Stroh im Kopf?

Skizzen und bildhafte Darstellungen erleichtern das Verständnis und unterstützen das Lernen.

Beispiele: Englisch

in

into

to

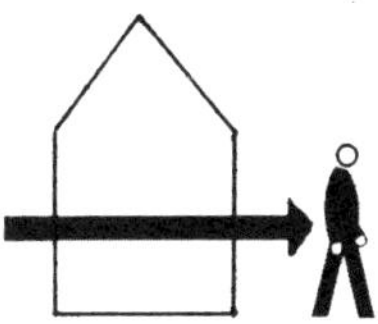

across

at

above

on

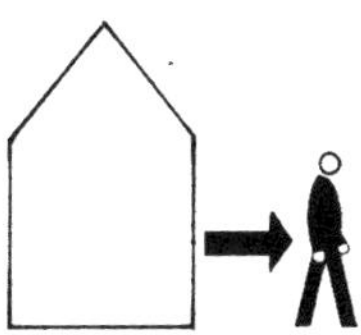

away

○ Vokabellernen

abwärts  down ward(s)

aufwärts  upward(s)

langsam  slow

quer  cross

innen  inside

unterbrechen  interrupt

Wiederholen ○

Ohne Wiederholung geht es nicht!

Wiederholen Sie
- **richtig**
- **mehrmals**
- **in richtigen Zeitabständen**
- **zur richtigen Zeit**

Damit Ihr Gehirn weiß, was wichtig ist und was nicht, braucht es die Wiederholung.
So wie eine Hausfrau im Sommer die Skiausrüstung und die dicken Winterpullover wegpackt und die täglich benutzten Sommerkleider stets griffbereit hat, so ist auch die Information, die im Langzeitgedächtnis gespeichert ist, nur dann jederzeit parat, wenn sie öfter abgerufen und damit signalisiert wird, daß sie sehr wichtig ist.
Lernstoff, der nur alle paar Jahre gebraucht wird, ist oft zunächst unzugänglich, obwohl er im Langzeitgedächtnis gespeichert ist und wir auch wissen, daß wir ihn schon mal gelernt haben; er ist zwar passiv vorhanden, aber oft eben nicht aktiv.

Holzhacken ist deshalb so beliebt, weil man bei dieser Tätigkeit den Erfolg sofort sieht. (Einstein)

Wiederholen Sie in einem anderen Raum!
Nur so können Sie feststellen, ob der Lernstoff bereits so gut gespeichert und abrufbar ist, daß die Begleitinformationen an Ihrem Lernplatz keinen Einfluß mehr haben.
Unsere Wahrnehmung ist ganzheitlich. Das bedeutet, daß wir nicht nur die Lerninformation aufnehmen, sondern auch das, was uns umgibt, was wir sehen, riechen, hören und tasten. So ist zu erklären, daß uns etwas wieder einfällt, wenn wir an den Ort des Geschehens zurückkommen.
Jeder hat dieses Phänomen schon erlebt.

○ Wiederholen

Wir wollen z. B. etwas aus dem Keller holen. Dort angekommen, sind wir mit unseren Gedanken bereits ganz woanders und wissen nicht mehr, was wir holen wollten. Wenig später, wieder in der Küche, fällt es uns ein.
Für das Lernen bedeutet dies, daß es wichtig ist nachzuprüfen, ob wir den Lernstoff auch ohne Begleitinformationen abrufen können.

○ Wie-Plan-Technik

Der Mensch muß bei dem Glauben verharren, daß das Unbegreifliche begreiflich sei; er würde sonst nicht forschen. (Goethe)

Machen Sie einen Wie-Plan!

Wie-Planung: Beschreibung des Weges, der zum Ziel führt

= Durchführungsplan = Projektplan

»Wenn wir ein Ziel erreichen wollen, müssen wir seine wirklichen Ursachen finden und sein Erreichen verursachen.« (Großmann)

Mit einem Wie-Plan erarbeiten Sie alle Mittel und Maßnahmen, die zum Ziel führen sollen.

Was müssen Sie tun?
- Stellen Sie sich das Ziel so konkret vor, als hätten Sie es bereits erreicht.
- Überlegen Sie, welche Faktoren zum Erreichen des Ziels führen könnten.
- Schreiben Sie alle Mittel und Maßnahmen auf, die notwendig sind.
- Legen Sie Termine fest, wann bestimmte Zwischenziele erreicht sein sollen.
- Klären Sie die Prioritäten.
- Führen Sie ein Zeitplanbuch oder tragen Sie Aufgaben und Termine in einen Terminkalender ein.

Vorteile:
- Sie stellen fest, ob Ihr gewünschtes Ziel erreichbar ist.
- Sie konzentrieren sich auf machbare Aufgaben und Ziele.
- Mißerfolge haben keine Chance.
- Sie erhalten eine Übersicht über die notwendigen Schritte und die zeitliche Verteilung.
- Sie können Einzelheiten konkret planen.

Großmann, G.: Sich selbst rationalisieren
Graichen, W. U./Seiwert L. J.: Das ABC der Arbeitsfreude

Wortschatzerweiterung ○

Denn eben wo Begriffe fehlen, da stellt ein Wort zur rechten Zeit sich ein. (Goethe, Faust)

Vermehren Sie Ihren Schatz!

Es genügt nicht nur zu wissen, man muß dieses Wissen auch zur rechten Zeit richtig darstellen können.
Um sich klar und deutlich ausdrücken zu können, bedarf es nicht vieler, aber der richtigen Worte.
Vermehren Sie Ihren Wortschatz auf spielerische Weise:

- Lesen Sie die Zeitung oder ein Buch einmal anders:
  Prüfen Sie, ob in den Wörtern andere Wörter versteckt sind.
  Beispiel: Wesel – Weber – Grafschaft – Schuhnaht – Amerikameldung
- Suchen Sie Wörter, bei denen man immer einen Buchstaben entfernen kann und dann ein neues Wort erhält: Ameise – Meise – Eis – Ei
- Spielen Sie Teekesselraten! Suchen Sie für einen Begriff mehrere Bedeutungen: z. B. Brücke: Eisenbahnbrücke – Teppichbrücke...

○ Wortschatzerweiterung

- Betrachten Sie Autokennzeichen und finden Sie Wörter, die diese Buchstaben enthalten.
  1. Beispiel: NOH = Scheinohnmacht
  2. Beispiel: NOH – Nachtoberschwester...
- Reimen Sie mal wieder! Beispiel: Schnee – Fee – See – Klee – ...
- Suchen Sie Wörter mit drei (vier, fünf) verschiedenen Vokalen Beispiel: Heimorgelunterbau
- Suchen Sie Wörter mit Doppelkonsonanten: Mutter, Kanne, ...
- Suchen Sie bildhafte Redewendungen
- Schreiben Sie einen Satz auf, die Buchstaben der Wörter sind die Anfangsbuchstaben von neuen vierbuchstabigen (fünf-, sechs-, siebenbuchstabigen ...) oder einsilbigen (zwei-, dreisilbigen ...) Wörtern

L	E	R	N	E	N	M	A	C	H	T	S	P	A	S	S
A	S	U	A	R	O	A	C	H	A	I	O	A	H	A	A
M	E	N	H	B	A	M	H	O	S	E	F	P	L	M	A
A	L	E	T	E	H	A	T	R	E	R	A	A	E	T	L

- Suchen Sie Wörter, die vorwärts und rückwärts gelesen einen Sinn ergeben: Regen – Regal...
- Suchen Sie Pflanzen, die ein Tier im Namen tragen!
- Finden Sie für ein Wort mehrere Ersatzmöglichkeiten! Beispiel: sich fortbewegen: – laufen – schlendern, rennen, torkeln...
- Suchen Sie Lebensmittel (Körperteile, Pflanzen, Städte, Länder... usw.) mit 6 (5 – 4 – 3 – 7) Buchstaben
  Nehmen Sie ein beliebiges Wort, z. B. »lernen«, und bilden Sie aus den Anfangsbuchstaben einen sinnvollen Satz:
  »Liane erntet rote, niedliche Erdbeeren nachmittags«
- Suchen Sie Wörter mit ai (oh – eh – y – ...)
- Suchen Sie Wörter zum Thema: Essen (Geschenke – Küche – Garten ...) von A – Z (Auster – Birne – Croissants ...)
- Suchen Sie Sätze, die mit dem gleichen Buchstaben anfangen: »Am Anfang angelte Anton arglos am Achensee Aale«.

Weitere Anregungen für Wortspiele finden Sie unter dem Stichwort »Aufwärmphase« und im Anhang.

📖 Oppolzer, U.: Verflixt, das darf ich nicht vergessen!

Ein Mensch ohne Plan ist wie ein Schiff ohne Steuer.

Planen Sie Ihre Zeit!

Freie Zeit darf nicht total verplant werden!

1. Planen Sie schriftlich
2. Verwenden Sie Tagespläne
3. Setzen Sie Prioritäten
4. Beachten Sie die Leistungskurve
5. Benutzen Sie ein Zeitplanbuch
6. Fassen Sie die »Zeitdiebe«
7. Definieren Sie Ziele
8. Vergessen Sie die »Stille Stunde« nicht
9. Bleiben Sie konsequent
10. Beginnen Sie positiv.

Wer hinter mehreren Hasen herläuft, fängt keinen. (Aus Griechenland)

○ Zeitplanung

Zeitverlust
entsteht durch:

1. falsche Organisation
2. Ablenkung
3. übertriebene Intensität
4. zu langsames Lesen und Schreiben

Die Geschichte von der Säge
Ein Spaziergänger geht durch den Wald und begegnet einem Waldarbeiter, der hastig und mühselig damit beschäftigt ist, einen bereits gefällten Baumstamm in kleinere Teile zu zersägen.
Der Spaziergänger tritt näher heran, um zu sehen, warum sich der Holzfäller so abmüht, und sagt dann:
»Entschuldigen Sie, aber mir ist da etwas aufgefallen: Ihre Säge ist ja total stumpf. Wollen Sie diese nicht einmal schärfen?«
Darauf stöhnt der Waldarbeiter erschöpft auf: »Dafür habe ich keine Zeit – ich muß sägen!«

(aus: Seiwert, L. J.: Das Einmaleins des Zeitmanagement)

□ Zeitraffer-Technik

Es ist nicht wenig Zeit, was wir haben, sondern es ist viel, was wir nicht nützen. (Seneca)

Lernen Sie mehr in weniger Zeit!

Zeitraffer-Technik:
Beim Einsatz dieser Technik geht es wieder um gehirn-gerechtes Lernen, d. h. um die beiden unterschiedlichen Gehirnhälften.

Das Zeitempfinden gehört zur linken Gehirnhälfte.
Wenn Sie z. B. malen, meditieren, Musik hören, verlieren Sie das Zeitgefühl, da diese Tätigkeiten über die rechte Hirnhälfte ablaufen.

Zeitraffer-Technik □

Während unsere linke Gehirnhälfte bewußt ein Wort, einen Gedanken wahrnimmt, laufen unbewußt Tausende von Prozessen in unserem Körper und unserem Gehirn ab.

Indem Sie nun einen Text auf Kassette bis zu doppelter Geschwindigkeit ablaufen lassen, nehmen Sie mehr Informationen in weniger Zeit auf.

Um zu einer wirkungsvollen Speicherung zu gelangen und zu einem optimalen späteren Abrufen, sollte der Text zunächst langsam gelesen werden, um Assoziationen aufzubauen, und als Wiederholung mit der Zeitraffer-Technik abgehört zu werden.
Sie können auch die Zeitraffer-Technik mit dem Parallel-Lernen verbinden.

Birkenbihl, V.: Stroh im Kopf?

Zielsetzung ○

Wer den Hafen nicht kennt, in den er segeln will, für den ist kein Wind ein günstiger! (Seneca)

Streben Sie ein Ziel an!

Erfolgreiches Arbeiten ist ein Verwirklichen von Zielen! (Großmann)

<u>Ziele sollten immer schriftlich definiert werden!</u>

Setzen Sie sich erreichbare Ziele!
Formulieren Sie konkret!
Planen Sie die »Reise« genau (auch mit der rechten Hirnhälfte)!

Stellen Sie sich Ihr Ziel und den Weg dorthin in Ihrer Phantasie ganz deutlich vor.

○ Zielsetzung

Stellen Sie sich vor, wie froh und stolz Sie sein werden, wenn Sie Ihr Ziel erreicht haben.

Vorteile der Zielsetzung:
- Sie behalten immer den Überblick.
- Sie setzen die richtigen Prioritäten.
- Sie setzen Ihre Fähigkeiten optimal ein.
- Antrieb und Aufmerksamkeit werden gesteigert.
- Ihr Körper und Ihr Geist stellen sich automatisch auf Ihr Ziel ein. Sie sind programmiert!
- Sie werden schnell und sicher Ihre Wunschziele erreichen.

Es soll nicht genügen, daß man Schritte tue, die einst zum Ziele führen, sondern jeder Schritt soll Ziel sein und als Schritt gelten.

Setzen Sie Zwischenziele!
Der Weg zum Ziel ist oft lang, die Zeit bis zur Prüfung noch »unendlich«. Deshalb ist es wichtig, nicht nur an die Prüfung, an das ferne Ziel zu denken, sondern konkrete Zwischenziele zu setzen und zu fragen: »Was will ich in einer Woche, in einem Monat, usw. erreicht haben?« Dann können Sie sich nach geleisteter Arbeit mit einem Kinobesuch, einem Treffen mit Freunden usw. belohnen und diese Zeit voll genießen.

»Was ich entschieden habe zu tun, ist es wert, gut getan zu werden!«

Zusammenfassung ○

Am Anfang aller Erkenntnis ist Staunen

– Begeisterung ist das halbe Lernen!

– Natürliche Voraussetzungen für ein optimales Lernen schaffen:

entspannte Atmosphäre – positives Denken
wenig negativer Streß – viel Bewegung
viel frische Luft – richtige Ernährung
ausreichend Schlaf

Jedes Lernen ist ein biologischer Prozeß, in dem geistige, psychische und körperliche Vorgänge untrennbar miteinander verbunden sind. (Frederic Vester)

– Wecken Sie die Neugier!

Neugier kompensiert Fremdheitsgefühle.

– Neues alt verpacken

Unbekannte Informationen erzeugen eine negative Hormonlage (Streß), und es kommt zu Denkblockaden.

– Skelett vor Detail

Erst einen Überblick schaffen!
Zusammenhänge ermöglichen die Verbindung zur alltäglichen Erfahrung und schaffen somit Vertrauen und Zutrauen.
Zusammenhänge schlagen Haken in die Wand des Vergessens, an denen dann später Details aufgehängt werden können.

○ Zusammenfassung

– Interferenz vermeiden

Variationen zum gleichen Thema zu schnell hintereinander angeboten, behindern den Vorgang des Nachvollziehens und stören den Vorgang der Speicherung.

– Erklärung vor Begriff

Werden Tatsachen oder Zusammenhänge zunächst erklärt, bevor der Begriff genannt wird, so sind Gedankenverbindungen möglich. Es entstehen Neugier und ein Gefühl der Bekanntheit. Der neue Begriff kann viel leichter eingeordnet und gespeichert werden.

– Anschauliche Stofferarbeitung

Eine anschauliche Darstellung führt zu einer vielseitigen Anregung der Gehirntätigkeit und damit zu einer schnelleren und sicheren Abspeicherung.

– Ohne Wiederholung geht es nicht!

Jeder Lernstoff muß in Abständen wiederholt werden, um dem Gehirn zu signalisieren: »Das ist wichtig.« Nur dann ist das Wissen auch jederzeit abrufbar. Nicht zu früh wiederholen!

– Verknüpfung

Eine dichte Verknüpfung der Informationen miteinander, mit Alltagssituationen, mit vorhandenem Wissen, vermittelt Erfolgserlebnisse und fördert das Behalten.

– Zeitplanung ist wichtig

Tagespläne, Wochenpläne und Monatspläne sorgen für streßfreies Lernen.

– Gewöhnungseffekt beachten

Wenn immer zur gleichen Zeit und am gleichen Ort gelernt wird (das gleiche Fach unterrichtet wird), stellt sich der Körper automatisch darauf ein. Die Aufwärmphase ist kürzer. Die gesparte Energie kann sinnvoll genutzt werden.

– Aufwärmphase beachten

So wie der Körper beim Sport zunächst warm werden muß, so braucht auch das Gehirn leichte Aufwärmübungen, um dann Höchstleistungen bringen zu können.

Sie haben immer jetzt, nicht gestern, nicht morgen, Sie haben immer die Gelegenheit, etwas zu verändern.

– Konzentrationsübungen an den Anfang

Beginnen Sie das Lernen mit Konzentrationsübungen, um das Gehirn optimal vorzubereiten (→ Konzentrationsübungen im Anhang).

– Konzentration durch Abwechslung

Die Konzentration während des Lernens kann gesteigert werden, indem zwischen passivem Aufnehmen und aktivem Handeln immer wieder gewechselt wird.

– Arbeitsplatz und Lernplatz können verschieden sein.

– Auf alle Sinne kommt es an!

Je mehr Sinne angesprochen werden, desto besser können Informationen gespeichert werden.

○ Zusammenfassung

– Individuellen Lerntyp beachten

– Bewußtes Sehen fördern

Je bewußter Tatsachen, Bilder oder Vorgänge wahrgenommen werden, desto sicherer werden sie abgespeichert.

Wer sorgfältig und bewußt beobachtet, treibt einen Meißel in die glatte Wand des Vergessens. (G. Reichel)

– Ähnlichkeit schafft Verwirrung!

Zwei ähnliche Lernstoffe hemmen sich gegenseitig, wenn sie zeitlich oder räumlich zu dicht aufeinanderfolgen
(z. B. Spanisch und Italienisch).

– Viele Informationen führen zum Stau

Viele Informationen direkt hintereinander verhindern den Übergang vom Ultrakurzzeitgedächtnis zum Kurzzeitgedächtnis.

– Der Lernprozeß ist nicht mit der Informationsvermittlung beendet:

Unser Gehirn ist noch mit der Abspeicherung beschäftigt, wenn die Aufnahme von Informationen abgeschlossen ist. Das bedeutet: viele kleine Pausen, sich Zeit lassen mit einem neuen Lernstoff.

– Gut notiert ist halb gelernt

Ein strukturierter Text mit Skizzen, Unterstreichungen, Einrahmungen, unterschiedlichen Farben erleichtert das Lernen wesentlich, verstärkt Erfolgserlebnisse und erhöht die Bereitschaft, ins Heft zu schauen.

Zusammenfassung ○

– Sparen ja, aber nicht am Papier

Je weniger auf einer Heftseite steht und je größer die Schrift ist, desto besser wird gelernt.

– Kreativität erhöht die Lernleistung

– 5-Punkte-Programm der Texterarbeitung

– »Lernticks« ernstnehmen

– Entspannung stärkt das Gedächtnis

– Denkblockaden verhindern!

– Allzuviel ist ungesund – mehr ist oft weniger

– Lernen Schritt für Schritt

– Erst die Sicherheit, dann die Geschwindigkeit

– Lernkartei anlegen

– Gedächtnistechniken einsetzen + »Eselsbrücken« bauen

– Richtige Pausen zur richtigen Zeit!

– Lernstoff merk-würdig machen

○ Zusammenfassung

- Aktives Lesen üben
- Weiterführende Literatur beachten
- Nachschlagen üben
- Fehler sind Orientierungshilfen
- Fehlersammlung anlegen
- Fehlerkorrektur muß sinnvoll sein
- Hausaufgaben-Anerkennung ist wichtig!
- Rechte und linke Gehirnhälfte beachten!
- Düfte und Melodien unterstützen das Gedächtnis
- Zusammenfassungen erleichtern das Lernen
- Erfolg fördert Erfolg
- Lachen, Spaß am Lernen, ist schon Erfolg

Es ist nicht wichtig, viel zu wissen. Es ist wichtig, es mit Freude zu erwerben und lachend zu genießen.

Neu hinzugekommene Stichwörter

Bewegen und Lernen ○

Wer sich bewegt, dem fällt das Denken leichter.

Bewegung ist nicht nur gut und wichtig für den Körper, sondern ebenso für den Kopf.

Machen Sie beim Zuhören eines Vortrags oder während des Fernsehens z. B. Fingerspiele, Hand- oder Fußgymnastik. Lernen Sie Vokabeln, indem Sie z. B. gleichzeitig Ball spielen. Lernen Sie Geschichte, Biologie usw. beim Spaziergang, und zwar mit Walkman. Auch Ideen für ein Referat oder einen Aufsatz sammeln Sie am besten auf Spaziergängen. Stecken Sie ein Diktiergerät in die Tasche und sprechen Sie wichtige Punkte auf Band, damit Ihnen kein wertvoller Gedanke verlorengeht.

- Bewegung senkt den Adrenalinspiegel, baut somit Streß ab und entspannt – vor allem mit Musik.
- Bewegung steigert die Durchblutung des Gehirns und sorgt für eine gute Sauerstoff- und Glucoseversorgung.
- Bewegung des Körpers fördert die Bewegung des Geistes.
- Bewegung mit links regt speziell die rechte Gehirnhälfte an.
- Bewegung mit den Fingern erhöht die Konzentrationsfähigkeit.

Bewegungsspiel für die Aufwärmphase und für zwischendurch:

Denken Sie sich z. B. Wörter aus, die drei, vier oder fünf unterschiedliche Vokale enthalten. Dann setzen Sie die Vokale nacheinander so schnell wie möglich in Bewegungen um, beispielsweise:

Bei einem »a« strecken Sie die Arme nach außen, d. h. zur Seite.
Bei einem »e« strecken Sie die Arme nach vorn und stoßen etwas weg.

☐ Bewegen und Lernen

Bei einem »i« zeigen beide Hände nach innen zum »Ich«.
Bei einem »o« strecken Sie die Arme nach oben zur Decke.
Bei einem »u« strecken Sie die Arme nach unten zu den Fußspitzen.

Nehmen Sie Fremdwörter oder Vokabeln einer Fremdsprache, so können Sie sich mit Hilfe der speziellen Bewegungen die Schreibweise besser einprägen.

Oppolzer, U.: Kartei für ein ganzheitliches Gehirntraining mit KOPF
Schmidt, D./Schießl, D.: Ganzheitliches Gehirntraining für Senioren (Bewegungsübungen und Fingerspiele)
Kret, E.: Anders lernen - Tips für den offenen Unterricht

☐ EDU-Kinestetik (mit Brain Gym)

Bewegung ist gut, gehirngerechte Bewegung ist besser!

EDU-Kinestetik:
Edukation + Kinesiologie = Lernen mit Bewegung
Erziehung + Lehre von der Bewegung

EDU-Kinestetik (EK) ist eine leicht anwendbare Methode für das Lernen mit beiden Gehirnhälften.
Unter gehirngerechter Bewegung versteht man Übungen, die das Gehirn besonders aktivieren bzw. die Zusammenarbeit der beiden Gehirnhälften fördern.

Paul Dennison hat mit der EDU-Kinestetik eine lernfördernde Bewegungslehre geschaffen. Die lernfördernden Übungen, die Blockaden im Gehirn abbauen und ein Lernen mit beiden Gehirnhälften ermöglichen, faßt Paul Dennison unter der Bezeichnung

BRAIN GYM

zusammen, was soviel wie Gehirnturnen, Gehirngymnastik oder Lerngymnastik bedeutet.

EDU-Kinestetik (mit Brain Gym) □

Mit den körperlichen Übungen, vor allem den Überkreuzbewegungen der EDU-Kinestetik, sollen Lernblockaden aufgelöst und Verbindungen zwischen links und rechts neu angebahnt werden.

Dennison, P./Dennison G.: Das Handbuch der Edukinestetik für Eltern, Lehrer und Kinder jeden Alters
Brain Gym
Brain Gym, Lehrerhandbuch
Befreite Bahnen

Ballinger, E.: Lerngymnastik (Buch und Cassette)

Hering, J.: Lernen braucht Bewegung (MC)

Ganzheitliches Gehirntraining □

Ein ganzheitliches Gehirntraining umfaßt nicht nur unterschiedliche Übungen, die alle Gehirnfunktionen fördern – Wortspiele, Gedächtnisspiele, Phantasiereisen, Kreativübungen –, sondern zusätzlich Bewegungsübungen, Fingerübungen sowie Atem- und Entspannungsübungen.

Dieses ganzheitliche Gehirntraining ist in der Schule einsetzbar, um Konzentration, Merkfähigkeit und vor allem die Motivation zu erhöhen. Bei Berufstätigen bewirkt dieses Training ebenfalls eine bessere Konzentrations- und Merkfähigkeit, weckt Phantasie und Kreativität für Problemlösungen und baut Streß ab. Für den alten Menschen ist das ganzheitliche Gehirntraining besonders wichtig, da die beruflichen Anforderungen wegfallen und die alltäglichen geringer werden – »Wer rastet, der rostet«.

Gehirntraining beeinflußt nicht nur die Gehirndurchblutung und den Hirnstoffwechsel – wirkt einer Arteriosklerose entgegen –, sondern trägt auch zu einer besseren Durchblutung sämtlicher Organe des Körpers bei. Im Gehirn werden Stoffe freigesetzt, die eine positive Stimmungslage begünstigen, und die Wirkung bestimmter Medikamente kann sich steigern.

☐ Ganzheitliches Gehirntraining

Macht das Gehirntraining Spaß, kommt es zu Erfolgserlebnissen, mehr Selbstvertrauen und damit zu mehr Kreativität und Aktivität. In der Schule führt das zu einer Leistungssteigerung, im Beruf zu schnellerer und besserer Problemlösung, im Alter zu mehr Umweltkontakten, einer positiven Beeinflussung der Gesundheit und zu mehr Freude.

Oppolzer, U.: Verflixt, das darf ich nicht vergessen! (Bd. 1 und Bd. 2)
Ganzheitliches Gehirntraining mit Phantasie und Spaß
Kartei für ein ganzheitliches Gehirntraining mit KOPF
Wortspiele-Kartei
Der phantasievolle Weg zum guten Gedächtnis (MC)
Schmidt, D./Schießl, D.: Ganzheitliches Gehirntraining für Senioren

☐ NLP

NLP = Neurolinguistische Programmierung

NLP wurde 1979 von zwei Amerikanern (Bandler und Grinder) entwickelt. Mit NLP können u. a. Lernprobleme gelöst, Ängste abgebaut und das Selbstbild verändert werden. Man kann mit Hilfe von NLP-Techniken lernen, sich besser auf andere Menschen einzustellen, sie besser zu verstehen und ihnen zu helfen.
Es werden mittlerweile Lehrer, Verkäufer, Manager, Werbefachleute, Politiker, Sachbearbeiter und Berater in speziellen Seminaren auf NLP trainiert.

Cleveland, B. F.: Das Lernen lehren. Erfolgreiche NLP-Unterrichtstechniken
Grinder, M.: NLP für Lehrer. Ein praxisorientiertes Arbeitsbuch
Lloyd, L.: Des Lehrers Wundertüte – NLP macht Schule
Blickhan, C./Ulsamer, B.: NLP für Einsteiger

»Mit NLP kann ich jetzt Deine Probleme lösen, Papa!«

Gedächtnis- und Konzentrationsübungen

(Lösungen s. S. 189)

Physikalische Definition des Dummkopfes:
Eine Ausnahme von der Regel des Torricellischen Gesetzes, demzufolge die Natur keine Leere duldet, denn der Hohlkopf hat nicht das Bedürfnis, sich zu füllen.

1) Phantasietraining:
Malen Sie Gedankenbilder!
Verbinden Sie jeweils zwei Begriffe so miteinander, daß ein Bild entsteht, und malen Sie dieses Bild in Ihrer Phantasie mit bunten Farben an eine weiße Wand.

Rose + Torte
Frosch + Bett
Wolkenkratzer + Hose
Clown + Dach
Kugel + Telefon

2) Um die Ecke gedacht:
- Typische Sitzgelegenheit kleiner Könige?
- Flohtummelplatz?
- Dichter wird er oft genannt, aber nicht Poet?
- Leergut ordentlicher Brillenträger?
- Levitenlese?

3) Konzentrationsübung:
Suchen Sie möglichst lange Sätze, deren Worte mit demselben Buchstaben anfangen. – Zeit: 5 Min.

z. B. Am Anfang angelte Anton am alten Achensee ab August alle ankommenden anbeißenden Aale.

△ **Übungen**

Der kleine, verwachsene Talleyrand warnte eine Schöne vor einem großen, schlanken Offizier: »Bedenken Sie, Mademoiselle, daß in hohen Häusern die oberen Stockwerke meist schlecht möbliert sind.«

4) Kreativitätsübung:

Was kann man alles aus einem Kreis machen bzw. malen?
Beispiel:

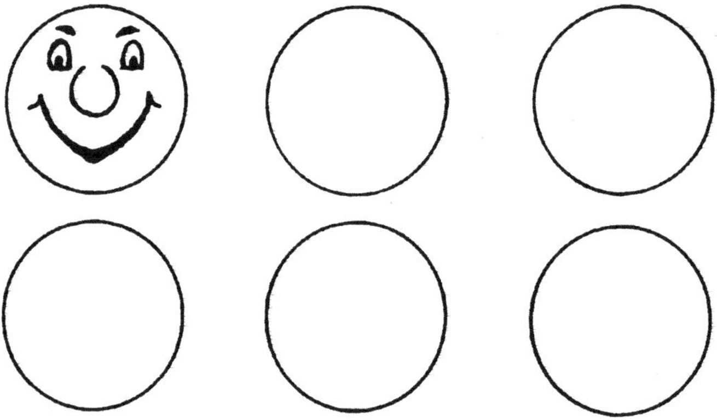

5) Elefantenspiel:

Kennen Sie den Witz von einem Prüfling, der etwas über Elefanten erzählen soll, aber nur auf Würmer vorbereitet ist?
Dieser schlaue Prüfling findet eine Lösung:

»Der Elefant hat einen Rüssel. Der Rüssel erinnert mich an einen Regenwurm. Der Regenwurm…«

Überlegen Sie mal, wie diese Geschichte weitergehen könnte.
Das letzte Wort des Satzes bildet jeweils den Anfang des nächsten Satzes.

Zeit: 3 Min.

6) Kreativitätsübung:
Was können Sie alles aus einem Dreieck machen?
Beispiel:

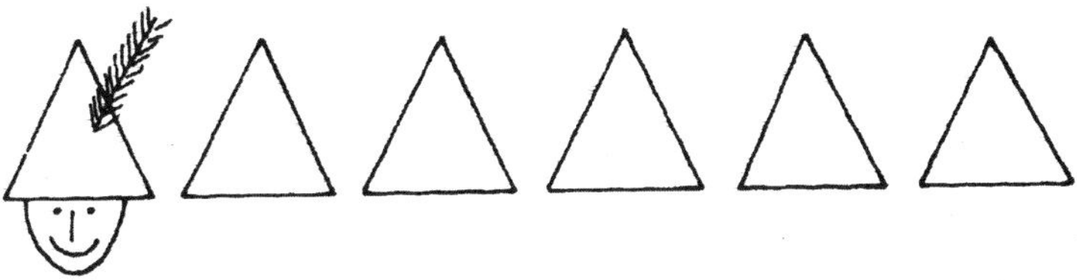

7) Um die Ecke gedacht:
- Amtsschimmels Futterkrippe?
- Computer messen es in Kilo (Abk.)?
- Ob Sie nun Schach spielen oder nicht, Sie sind immer am Zuge?
- Felder, von Vertretern beackert?
- Natürlicher Stammesabkömmling?

»Die durstige Kräh' ein' Eimer fand.
Das Wasser bis zur Hälfte stand.
Sie sprach: ›Wenn du dich bückst zum Trinken,
kannst leichtlich du darin versinken.‹
Sie dacht, ob sie ihn um wohl kehre;
jedoch er war ihr viel zu schwere,

und sie war auch zu schwach alleine.
So lief sie fort, las auf viel Steine,
warf sie in' Eimer. Wie sichs zeigt,
davon der Wasserspiegel steigt.
Nun sie sich labt und fröhlich lacht:
Das hat mein kluger Kopf gedacht.
Moral:
Was du mit Macht nicht kannst gewinnen,
das mußt mit List du dann beginnen.
Und was die Stärke nicht vermag,
das bringt ein weiser Rat zutag.«

(Burchard Waldis)

8) Denkaufgabe:
Bilden Sie mit 6 gleichen Streichhölzern genau vier gleichseitige Dreiecke.

9) Phantasieübung:
Machen Sie die Augen zu und stellen Sie sich einen Märchenwald vor, in dem Sie spazierengehen.
Welche Figuren sehen Sie?
Wie sind sie angezogen?
Wie sehen die Bäume aus?
Welche Düfte umgeben Sie?
Wie sind Sie selbst gekleidet?
Spüren Sie Ihre Hände auf der Rinde einer knorrigen alten Eiche.
Welche Geräusche nehmen Sie wahr?
Wie fühlt sich der Boden an, auf dem Sie gehen?

Vertiefen Sie sich in dieses Bild und genießen Sie diesen Spaziergang Ihrer Phantasie.

Müller. E.: Du spürst unter deinen Füßen das Gras
Fixx, F. J.: Rätsel und Denkspiele mit Seitensprung

10) Konzentrationsübung:

R E S T A U R A N T
1 8 10 4 5 9 1 7 2 6

4, 7, 3, 6, 5, 1:
7, 9, 10, 6, 8, 3:
10, 5, 6, 9, 3, 2:
6, 9, 1, 2, 8, 3:
2, 7, 4, 6, 8, 1:
5, 1, 3, 8, 10, 4:
4, 1, 5, 9, 8, 3:
10, 4, 5, 6, 9, 8:

1. Stellen Sie fest, welche Wörter sich hinter den Zahlen verbergen. (2 Min.)
2. Bilden Sie aus den Buchstaben des Wortes Restaurant in 3 Minuten möglichst viele neue Wörter.

11) Kreativitätsübung:

Denken Sie sich eine lustige Geschichte aus, in der jeder Satz mit einem anderen Buchstaben anfängt, und zwar in alphabetischer Reihenfolge.

12) Gedächtnisübung:

Prägen Sie sich in 2 Minuten folgende Formen ein und zeichnen Sie diese dann aus dem Gedächtnis.

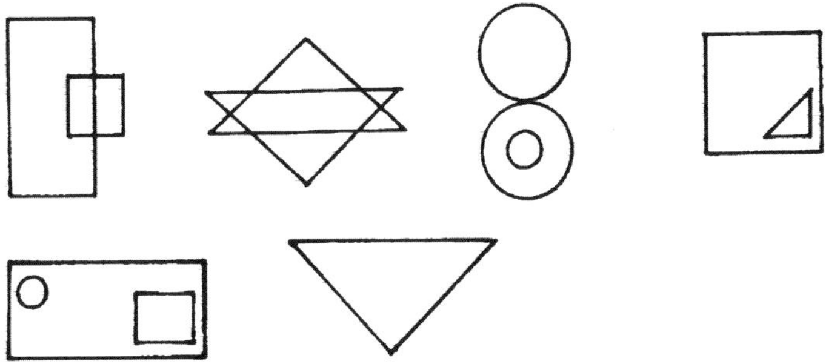

△ Übungen

Montesquieu über Voltaire: »Er hat zuviel Geist, um mich zu verstehen.«

13) Assoziationsübung:
Machen Sie aus jeweils zwei Begriffen ein Bild. Malen Sie es in Ihrer Phantasie so deutlich, daß Sie die Begriffe auch morgen noch wissen.

Regenschirm – Eiscreme

Kamel – Telefon

Fußball – Ketchup

Veilchen – Bügeleisen

Koch – Pinguin

Bus – Petersilie

Zauberstab – Brillantring

Gartenzaun – Topflappen

Schneebesen – Mofa

14) Denkaufgabe:
Welche Wörter enthalten alle Vokale in ihrer alphabetischen Reihenfolge? (Zeit: 3 Minuten)

z. B. Arbeitswohnung

Warum beneidet der Gelehrte den Reichen, der Reiche aber nicht den Gelehrten?
Weil der Gelehrte aufgrund seiner Bildung den Wert des Geldes kennt, der Reiche aber nicht den Wert der Bildung.

15) Gedächtnistraining:
Machen Sie in Gedanken einen Spaziergang durch einen imaginären Ort und merken Sie sich den Weg so genau, daß Sie ihn hin und zurück gehen können.

Bahnhof – Zebrastreifen – Kaufhaus – Bushaltestelle – Sparkasse – Parkplatz – Café – Brücke – Kanal – Kirche – Platz – Rathaus – Lindenallee – Post – Spielplatz – Kreuzung – Fabrikschornstein – Park – Seeufer – Schloß

16) Um die Ecke gedacht:
- Unordnung sprachlich geordnet?
- Altrömischer Lockenkopf?
- Japanerin auf der Fensterbank?
- Himmlischer Botschafter irdischer Natur?
- Luft in Eile?

17) Konzentrationsspiel:
Suchen Sie innerhalb von 3 Minuten möglichst viele Sätze mit Wörtern, deren Anfangsbuchstaben schon feststehen.

Beispiel: J I S G S

Jeder ist seines Glückes Schmied.

a) M – V – M – K – B – S

b) T – E – K – I – Z – W

c) H – M – L – G – I – S – H

△ Übungen

Ein Professor in einer Vorlesung mit Medizinstudenten:
»Sie sehen, meine Damen und Herren, ich halte in jeder Hand ein Gehirnmodell, in der rechten ein männliches, in der linken Hand ein weibliches. Wie Sie deutlich erkennen können, ist das männliche Gehirn größer als das der Frau. Was folgern Sie daraus?«
Eine Studentin meldet sich: »Ich folgere daraus, Herr Professor, daß es nicht auf Quantität ankommt, sondern auf Qualität.«

18) Denkaufgabe:
Die folgende Zahlenfolge ist die einzige ihrer Art.
Können Sie herausfinden, was das Besondere an ihr ist?

8 3 1 5 9 0 6 7 4 2

19) Um die Ecke gedacht:
- Blume, die Psychiatern blüht?
- Kunst, mit vielen Worten wenig zu sagen?
- Computers Weichteile?
- Saftiges Früchtchen im englischen Gewand?
- Süßigkeiten für Kälbchen?
- Seine Blume hat keine Blätter

20) Konzentrationsübung:
Unterstreichen und zählen Sie in einem Zeitungs- oder im folgenden Text alle »e« und »o« so schnell wie möglich.

Simonides wurde gefragt, ob der Mensch lieber nach Reichtum oder nach Weisheit streben solle.
»Nach Reichtum«, antwortete der Dichter. »Denn ich sehe die Weisen vor den Türen der Reichen, nicht aber die Reichen vor den Türen der Weisen.«

21) Denkaufgabe:
Verbinden Sie die neun Punkte mit vier geraden Strichen, ohne abzusetzen. Kein Punkt darf zweimal berührt werden.

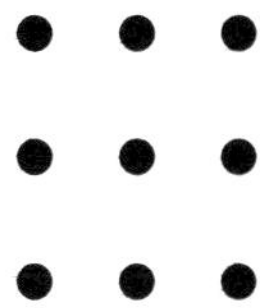

22) Um die Ecke gedacht:
- Bestimmt der am meisten in den Mund genommene Artikel der Welt?
- Vokalisches Wässerchen?
- Saurer Grundstoff für süße Milch?
- Erster Leninist?
- Längster Körperteil?

23) Gedächtnistraining:
Versuchen Sie innerhalb von 3 Minuten sich möglichst viele der 20 Begriffe einzuprägen.

Blumenstrauß – Waschpulver – Geschenkpapier – Taucherbrille –

Tageszeitung – Lampenschirm – Milchtüte – Sofakissen –

Autoschlüssel – Butterdose – Fahrradständer – Brotmesser –

Stuhllehne – Brillenetui – Leuchtturm – Fleischwurst –

Schuhcreme – Nähgarn – Taschenuhr – Gartenschlauch

△ Übungen

Warum verlieren sich manche Menschen in Gedanken?
Sie bewegen sich in unbekanntem Gelände.

24) Um die Ecke gedacht:

- Wer das Stroh nicht im Kopf hat, dem verhilft sie zur Erleuchtung
- Sie verneigt sich, bevor sie verdroschen wird
- Adäquates Sportgerät für Leute mit viel Gleitzeit
- Im Kräutergärtlein zu suchendes Mädchen
- Im Schach recht schwach

25) Phantasieübung:

Stellen Sie sich vor, Sie sind im Urlaub, in einem Land am Meer. Sie haben gerade gebadet an einem weißen Sandstrand in einer kleinen, felsigen Bucht.
Jetzt freuen Sie sich auf den Spaziergang durch das kleine, verwinkelte Fischerdorf.
Sie gehen vorbei an Ständen mit Souvenirs, mit roten, gelben und weißen Blumen, mit Obst und vielem mehr. Sie betrachten die alten Backsteinhäuser mit den geschnitzten Haustüren und kommen schließlich in den Hafen mit den bunten Fischerbooten.
Die Fischer reparieren ihre Netze. Es riecht nach Fisch, Tang und Öl. Möwen kreischen. Sie setzen sich auf eine grüne Bank unter einer schattenspendenden Weide, schließen die Augen und träumen...

26) Konzentrationsspiel:

Der folgende Text ist von einer schlechten »Sekretärin« geschrieben. Sie hat nur Kleinbuchstaben gewählt, keine Leertaste und dafür ab und zu die Sternchentaste verwendet. Satzzeichen fehlen völlig.

Lesen Sie den Text laut vor, möglichst schnell und flüssig und zählen Sie die Sternchen.

Zeit läuft!

ei*stha*end*ekerl*aufdenb*um*ngehocktbeha*rtu*dm*tböservisa*edann-
hatmans*eausdemu*waldge*ocktunddi*we*taspha*tiertunda*fgestockt-
biszurdreiß*gst*netagedasaßensien*ndenflö*enentflohninzentr*lgeh*iz-
tenräu*endasitzensienunamt*lefonu*desherrschtno*hgenaud*rsel*eton
wieseiner*eitaufd*nb*umen

Irrtümer haben ihren Wert,
jedoch nur hier und da:
Nicht jeder, der nach Indien fährt,
entdeckt Amerika.
(Erich Kästner)

27) Konzentrationsübung:
Im folgenden »Buchstabensalat« sind sinnvolle Wörter versteckt, die es gilt, möglichst schnell zu finden.

Zeit läuft!

eghrudsaewkjhuolkmnvbgtfdspöldarmbjlernenmydejhgzuhrlobnöla-
hnebalzsfeckebvgttaghtpxymnbhhutklswqmcgähremadevctzollkjürt-
eweselkgzfvcxmnbhzfdteedwortmjkpomentenbflausxsdrqklkhurrbsi-
nnfxcdwölkeihgpxybe

28) Gedächtnisübung:
Gehen Sie in Gedanken einkaufen. Stellen Sie sich ganz deutlich vor, wie Sie ins Geschäft gehen und die Sachen aus den Regalen nehmen und in Ihren Einkaufswagen legen.

Erdbeermarmelade – Vogelfutter – Filtertüten – Spülmittel – Fernsehzeitschrift – Vanillezucker – Gewürzgurken – Sahnequark – Babyöl – Rosenkohl – Heringssalat – Wischlappen – Zahnpasta

△ Übungen

29) Kreativitätsübung:
Vollenden Sie die angefangenen Zeichnungen:

a)

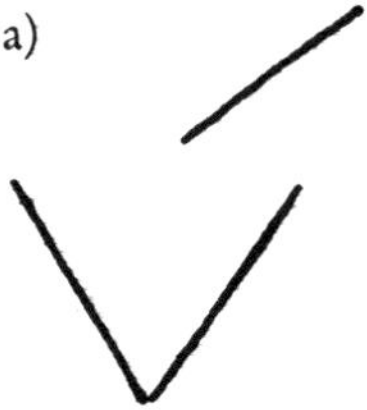

b)

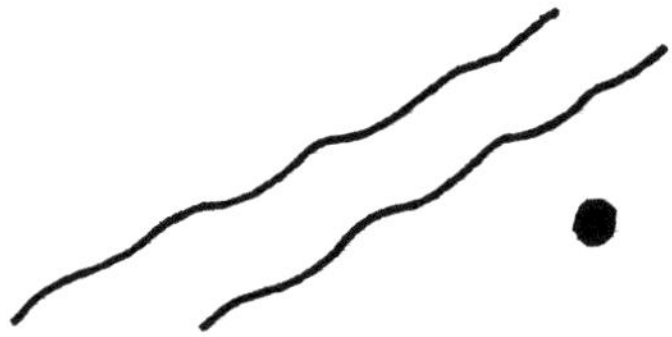

c)

d)

2) Zaun – Ohr – Nebel – Etui – Rüge

7) Akten – REM – Bahnhof – Bezirke – Ast

8) Streichholzaufgabe:

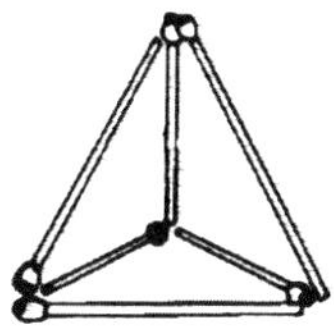

16) Chaos – Titus – Aralie – Satellit – Orkan

18) Zahlenfolge alphabetisch: acht, drei, eins, fünf, neun, null, sechs, sieben, vier, zwei

19) Neurose – Gerede – Software – Grapefruit – Laktose – Wein

21) Denkaufgabe:

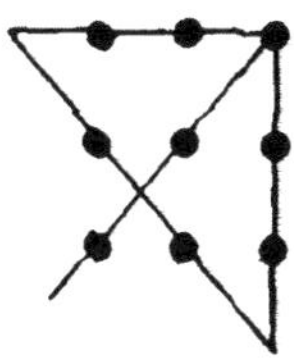

22) the – Eau – Ried – Lenin – Darm

24) Stallaterne – Ähre – Ski – Ute – König

27) Öl – Darm – lernen – Uhr – Lob – Öl – Ahne – Balz – Ecke – Tag – Hut – Ähre – Made – Zoll – Esel – Tee – Wort – Po – Ente – Laus – Ur – Sinn – Öl – Ei

Literatur (in Klammern steht der Verlag)

Ballinger, E.: Lerngymnastik (Buch und Kassette, HPT)
Beyer, G.: Mehr lernen und leisten ohne Streß (Lexika)
Erfolgreich lernen – Superlearning (Humboldt)
Gedächtnis-Training (Humboldt)
So lernen Schüler leichter (Econ)
Rationelles Lesen leicht gemacht (Goldmann)
Bierach, A.: Wege zu einem Supergedächtnis (Goldmann)
Spielend Französisch lernen durch Superlearning – mit Kassette (mvg)
Birkenbihl, V.: Stichwort ›Schule‹ (Gabal)
Freude durch Streß (mvg)
Der persönliche Erfolg (mvg)
Mechanismen des Unbewußten bewußt nutzen – mit Kassette (mvg)
Stroh im Kopf? (mvg)
Die Birkenbihl-Methode, Fremdsprachen zu lernen (mvg)
Blakeslee, T.: Das rechte Gehirn (Arum)
Blickhan, C./Ulsamer, B.: NLP für Einsteiger (Gabal)
Bochow, P./Wagner, H.: Suggestopädie (Gabal)
Bossmann, D.: Die verdammten Hausaufgaben (Fischer)
Bröhm-Offermann, B.: Suggestopädie (AOL)
Buzan, T.: KopfTraining (Goldmann)
Nichts vergessen! (Goldmann)
Ceh, J.: Besser lernen, besser denken (mvg)
Cleveland, B. F.: Das Lernen lehren. Erfolgreiche NLP-Unterrichtstechniken (Verlag f. angew. Kinesiologie)
Correll, W.: Lernschwächen und Leistungsstörungen erkennen und überwinden (mvg)
Lernpsychologie (Auer)
De Bono, E.: In fünfzehn Tagen Denken lernen (Heyne)
Dennison, P./Dennison, G.: Das Handbuch der Edukinestetik für Eltern, Lehrer und Kinder jeden Alters (Verlag f. angew. Kinesiologie)
Brain Gym (Verlag f. angew. Kinesiologie)
Brain Gym, Lehrerhandbuch (Verlag f. angew. Kinesiologie)
Befreite Bahnen (Verlag f. angew. Kinesiologie)
Dittrich, H.: Besser lesen, verstehen, behalten! (Humboldt)
Erfolgsgeheimnis Zeiteinteilung (Humboldt)
Mehr Erfolg bei Prüfungen (Econ)
Dostal, K. A.: Aufsatzschreiben leicht gemacht (Veritas)
Dutschmann, A.: Mein Kind kann sich nicht konzentrieren – was tun? (Herder)
Eccles, J. C./Robinson, D. N.: Das Wunder des Menschseins, Gehirn und Geist (Piper)
Endres, W.: Das Anti-Pauk-Buch (Beltz)
So macht Lernen Spaß (Beltz)
Lernen mit Kniff und Pfiff (Beltz)
Keine Angst vor Klassenarbeiten (Beltz)
Endres, W./Ortlieb, H.: Meine beste Lernmethode – Lernkassette mit Übungsbuch (Beltz)
Fixx, F. J.: Rätsel und Denkspiele mit Seitensprung (DuMont)
Funk-Kolleg Pädagogische Psychologie (Fischer)
Gordon, T.: Familienkonferenz (Heyne)
Familienkonferenz in der Praxis (Heyne)
Graichen, W. U./Seiwert, L. J.: Das ABC der Arbeitsfreude (Gabal)
Grinder, M.: NLP für Lehrer. Ein praxisorientiertes Arbeitsbuch (Verlag f. angew. Kinesiologie)
Großmann, G.: Sich selbst rationalisieren (Ratio)
Heineken, E./Habermann, Th.: Lernpsychologie für den beruflichen Alltag (Sauer)
Hering, J.: Lernen braucht Bewegung (MC, Verlag f. angew. Kinesiologie)
Hüholdt, J.: Wunderland des Lernens (Verlag für Didaktik)
Jörger, K.: Einführung in die Lernpsychologie (Herder)
Lernanreize (Scriptor)
Keller, G.: Lehrer helfen lernen (Auer)
Lernen will gelernt sein! (Quelle & Meyer)
So helfe ich meinem Schulkind (Quelle & Meyer)
Keyserlink, L. von: Naschen, Trödeln, Träumen (rororo)
Klampfl-Lehmann, I.: Der Schlüssel zum besseren Gedächtnis (Delphin)
Knoblauch, J.: Lernstreß ade! (Brockhaus)

Kret, E.: Anders lernen – Tips für den offenen Unterricht (Veritas)
Kugemann, W. F.: Kopfarbeit mit Köpfchen (Heyne)
Kugemann, W. F.:/Gasch, B.: Lerntechniken für Erwachsene (rororo)
Lanner, H.: Prüfungen – mit Erfolg (Humboldt)
Lauster, U.: Konzentrationsspiele (Ensslin & Laiblin)
Sachkundespiele (Ensslin & Laiblin)
Englischspiele (Ensslin & Laiblin)
Rechtschreibspiele (Ensslin & Laiblin)
Aufsatzspiele (Ensslin & Laiblin)
Rechenspiele (Ensslin & Laiblin)
Lesespiele (Ensslin & Laiblin)
Leibold, G.: Positiv denken und leben (Humboldt)
Leitner, S.: So lernt man lernen (Herder)
Lloyd, L.: Des Lehrers Wundertüte – NLP macht Schule (Verlag f. angew. Kinesiologie)
Lorayne, H.: Der schnelle Weg zum guten Gedächtnis (Delphin)
Mann, I.: Lernprobleme (Beltz)
Minninger, J.: Gutes Gedächtnis – das Erfolgsgeheimnis (Humboldt)
Montessori, M.: Das kreative Kind (Herder)
Schule des Kindes (Herder)
Müller, E.: Du spürst unter deinen Füßen das Gras (Fischer)
Oppolzer, U.: Verflixt, das darf ich nicht vergessen! Gutes Gedächtnis bis ins hohe Alter. Bd. 1 und Bd. 2 (Trainingskurs mit Kassette) (Humboldt)
Kartei für ein ganzheitliches Gehirntraining mit KOPF (Borgmann)
Wortspiele-Kartei (Borgmann)
Der phantasievolle Weg zum guten Gedächtnis (MC, Borgmann)
Ganzheitliches Gehirntraining mit Phantasie und Spaß (Borgmann)
Ott, E.: Intelligenz macht Schule (rororo)
Optimales Lesen (rororo)
Das Konzentrationsprogramm (rororo)
Pädagogischer Arbeitskreis für Erwachsenenbildung: Wirkungsvoller lernen und arbeiten (Quelle & Meyer)
Peukert, K. W.: Sprachspiele für Kinder (rororo)
Potthoff, W.: Methodische Lernhilfen (Ravensburger)
Raab, D.: Meine kleine Deutschstunde (Carlsen)
Reiber, G.: Eltern helfen lernen (Fischer)
Reichel, G.: Der sichere Weg zum phänomenalen Gedächtnis (Heyne)
Reischmann, J.: Leichter lernen leicht gemacht (Klinkhardt)
Rohracher, H.: Die Arbeitsweise des Gehirns und die psychischen Vorgänge (Barth)
Rolles, E./Rolles, U.: Spaß am Lernen (Ueberreuther)
Sawizki, E. R.: Lernvergnügen (Gabal)
Schmidt, D./Schießl, D.: Ganzheitliches Gehirntraining für Senioren (Dümmler)
Schober, R.: Besser konzentrieren. Ein Trainingsprogramm (Humboldt)
Schräder-Naef, R.: Rationeller Lernen lernen (Beltz)
Lerntraining für Erwachsene (Beltz)
Schüler lernen Lernen (Beltz)
Der Lerntrainer für die Oberstufe (Beltz)
Seiwert, L. J.: Das Einmaleins des Zeitmanagement (Gabal)
Speichert, H.: Hausaufgaben sinnvoll machen (rororo)
Richtig üben macht den Meister (rororo)
Praxis produktiver Hausaufgaben (Scriptor)
Speichert, H.: Kopfspiele (rororo)
Spinola, R./Peschanel, F. D.: Das Hirn-Dominanz-Instrument (Gabal)
Stein, A.: Das Rechtschreibspiel (Kösel)
Svantesson, I.: Mindmapping und Gedächtnistraining (PLS)
Teml, H.: Entspannt lernen (Veritas)
Zielbewußt üben, erfolgreich lernen (Veritas)
Tepperwein, K.: Geistig konzentriert arbeiten – Kassette mit Begleitheft (mvg)
Schneller und besser lernen – Kassette mit Begleitheft (mvg)
Einführung in Superlearning – Kassette mit Begleitheft (mvg)
Vester, F.: Denken, Lernen, Vergessen (dtv)
Phänomen Streß (dtv)
Neuland des Denkens (dtv)
Aufmerksamkeitstraining (Quelle & Meyer)
Werneck, T.: Konzentrationstraining (Heyne)
Wester, J.: Gedächtnistraining (Englisch)
Ziehe, T.: Plädoyer für ungewöhnliches Lernen (rororo)
Zielke, W.: So lernt man leichter (Humboldt)